新时代高校思想政治教育发展研究

陈晓娟 李雪红 崔 明 著

群言出版社
QUNYAN PRESS
·北京·

图书在版编目（CIP）数据

新时代高校思想政治教育发展研究 / 陈晓娟，李雪红，崔明著. -- 北京：群言出版社，2023.2
ISBN 978-7-5193-0806-3

Ⅰ. ①新… Ⅱ. ①陈… ②李… ③崔… Ⅲ. ①高等学校－思想政治教育－研究－中国 Ⅳ. ①G641

中国版本图书馆CIP数据核字（2022）第256775号

责任编辑：陈　芳
封面设计：知更壹点

出版发行：群言出版社
地　　址：北京市东城区东厂胡同北巷1号（100006）
网　　址：www.qypublish.com（官网书城）
电子信箱：qunyancbs@126.com
联系电话：010-65267783　65263836
经　　销：全国新华书店
印　　刷：三河市明华印务有限公司
版　　次：2023年2月第1版
印　　次：2023年2月第1次印刷
开　　本：710mm×1000mm　1/16
印　　张：11.75
字　　数：235千字
书　　号：ISBN 978-7-5193-0806-3
定　　价：60.00元

【版权所有，侵权必究】

如有印装质量问题，请与本社发行部联系调换，电话：010-65263836

作者简介

陈晓娟，女，1984年10月出生，江苏省淮安市人，毕业于中国海洋大学，硕士研究生学历，讲师。现任淮阴工学院化学工程学院学工办主任，为国家三级心理咨询师。研究方向：大学生思想政治教育。主持省级思政课题1项、校级党建课题1项，发表论文10余篇。

李雪红，女，1978年8月出生，江苏省淮安市人，毕业于南京师范大学，硕士研究生学历，助理研究员。现任淮阴工学院体育教学部党总支书记。研究方向：高等教育管理、思想政治教育等。主持江苏省教育厅高校哲学社会科学研究项目1项，主持或参与淮安市社科类研究课题多项，参编教材1部，参与《周恩来青年观及时代价值研究》一书撰写工作，发表论文多篇。

崔明，男，1985年5月出生，江苏省徐州市人，毕业于南京航空航天大学，硕士研究生学历，助理研究员。现任淮阴工学院高层次人才办公室主任。研究方向：高等教育管理、人力资源管理。主持并完成市厅级科研项目4项，发表论文10余篇。

前　言

　　思想政治教育是国家一项极其重要的工作，是一项事关国家长治久安、事关民族凝聚力和向心力的系统工程。高校是开展思想政治教育的重要阵地，在高校开展思想政治教育，对于大学生学习和贯彻习近平新时代中国特色社会主义思想，牢固树立社会主义核心价值观，塑造大学生的健全人格具有重要的现实意义。

　　全书共六章。第一章为绪论，主要内容为高校思想政治教育概述、高校思想政治教育的主要内容、高校思想政治教育的功能、新时代高校思想政治教育发展的理论基础等；第二章为高校思想政治教育发展的历史进程，主要阐述了社会主义建设初步探索时期的高校思想政治教育、改革开放新时期的高校思想政治教育、中国特色社会主义新时代的高校思想政治教育等内容；第三章为新时代高校思想政治教育发展的机遇，主要阐述了新时代高校思想政治教育发展的时代背景、新时代高校思想政治教育发展的新机遇等内容；第四章为新时代高校思想政治教育面临的挑战，主要阐述了新时代高校思想政治教育面临的国际挑战、新时代高校思想政治教育面临的国内挑战等内容；第五章为新时代高校思想政治教育的科学化及共同体构建，主要阐述了高校思想政治教育的科学化及其实现路径、高校思想政治教育共同体及其构建策略等内容；第六章为新时代高校思想政治教育发展的策略，主要阐述了新时代高校思想政治教育方法创新、新时代高校思想政治教育内容创新、新时代高校思想政治教育模式优化等内容。

　　在撰写本书的过程中，笔者借鉴了许多前人的研究成果，在此表示衷心的感谢，并衷心期待这本书能在读者的学习、生活以及工作实践中结出丰硕的果实。探索知识的道路是永无止境的，本书还存在着许多不足之处，恳请前辈、同行以及广大读者进行斧正，以便改进和提高。

目 录

第一章 绪论 ... 1
第一节 高校思想政治教育概述 ... 1
第二节 高校思想政治教育的主要内容 ... 37
第三节 高校思想政治教育的功能 ... 47
第四节 新时代高校思想政治教育发展的理论基础 ... 51

第二章 高校思想政治教育发展的历史进程 ... 58
第一节 社会主义建设初步探索时期的高校思想政治教育 ... 58
第二节 改革开放新时期的高校思想政治教育 ... 63
第三节 中国特色社会主义新时代的高校思想政治教育 ... 66

第三章 新时代高校思想政治教育发展的机遇 ... 73
第一节 新时代高校思想政治教育发展的时代背景 ... 73
第二节 新时代高校思想政治教育发展的新机遇 ... 75

第四章 新时代高校思想政治教育面临的挑战 ... 92
第一节 新时代高校思想政治教育面临的国际挑战 ... 92
第二节 新时代高校思想政治教育面临的国内挑战 ... 99

第五章 新时代高校思想政治教育的科学化及共同体构建 ... 121
第一节 高校思想政治教育的科学化及其实现路径 ... 121
第二节 高校思想政治教育共同体及其构建策略 ... 150

第六章 新时代高校思想政治教育发展的策略 ... 165
第一节 新时代高校思想政治教育方法创新 ... 165
第二节 新时代高校思想政治教育内容创新 ... 169
第三节 新时代高校思想政治教育模式优化 ... 173

参考文献 ... 178

第一章 绪论

随着新时代的不断发展，素质教育越来越受到重视，高校在推进素质教育的同时也在不断加强学生的思想政治教育。本章分为高校思想政治教育概述、高校思想政治教育的主要内容、高校思想政治教育的功能、新时代高校思想政治教育发展的理论基础四个部分。

第一节 高校思想政治教育概述

一、高校思想政治教育的概念

传统高校思想政治教育是高校教师用教育的方式方法培育当代大学生树立正确的思想观念、政治观点和道德规范，以及提升大学生综合素质的教育活动。

习近平在全国高校思想政治工作会议上强调"把思想政治工作贯穿教育教学全过程，实现全程育人、全方位育人，努力开创我国高等教育事业发展新局面。"[1]大学生是彰显整体国民素质的庞大群体，也是接受教育最有效的群体，在大学生成人成才走向社会之前，离不开高校的教育，高校思想政治教育对大学生综合素质的提升是最直接、最有效的教育方式。

高校思想政治教育是教育教学的重要任务，也是为建设中国特色社会主义而培育新型人才的紧要任务。高校思想政治教育的基本内容主要包括价值观教育、道德观教育、世界观教育等。高校用这些基本内容来培育大学生的基本素质，使其树立正确的"三观"，具备健全的人格，以便真正成为国家和社会的有用之才。高校思想政治教育的实施也是构建和谐校园的基本要素。构建和谐校园，大学生不仅仅是参与者更是受益者。和谐校园的本质就是以人为本，这也决定了思想政治教育是其重要组成部分。和谐校园的建设离不开大学生全方面的发展，而高校思想政治教育的本质正是通过提高大学生的思想道德素质进而为社会全面发展服

---

[1] 曹淑敏.把思想政治工作贯穿教育教学全过程[N].人民日报，2021-11-19（09）.

务。无论从社会发展还是校园建设等方面来看，高校思想政治教育都是不可缺少的重要教育活动。

思想政治工作是我们党的优良传统和政治优势，是我们党发展壮大历程中积累的宝贵经验和传家宝。高等学校始终将大学生思想政治工作摆在突出位置，将其贯穿教育教学工作全过程，把思想政治工作作为实现高等学校立德树人根本任务的重要抓手，作为实现高等教育"四为"[①]目标的重要保障。新时代思想政治工作取得了许多有目共睹的成绩，同时也面临着新形势、新问题，面临着如何保障学生发展与人才培养工作的人才培养目标底线实现的压力冲击等。因此，新时代高校思想政治工作必须守正创新，为党的二十大提出的实施科教兴国战略、人才强国战略、创新驱动发展战略提供有力支撑。

新时代以党的十八大作为发展起点，在继承和发展原有社会制度和理论的基础上，结合新的历史条件，准确把握我国社会发展的方针政策，将新理论置于新环境背景下解读，激励全体中国人民为实现中华民族伟大复兴的中国梦而努力奋斗。新时代的中华民族在经历站起来、富起来后，正在逐步向强起来转变，不仅注重发展速度，而且更加强调发展质量，落实更好更快的发展理念。新时代强调充分发挥国家的职能、集中力量办大事的能力。新时代要充分发挥社会主义制度的优势，想百姓之所想、急百姓之所急，切实解决社会实际中存在的问题，提升保障人民安全、健康的能力。此外，新时代还强调勇担发展之责。在促进自身积极发展和社会制度完善的同时还积极参与国际事务，在维护世界和平中主动承担国际责任，为世界的发展提供成功的、具中国特色的发展方案。这不仅是新时代国家综合实力提升的标志，也是人民对新时代社会发展的美好期许和实现伟大复兴中国梦的关键。

新时代孕育新思想，新思想指导新实践，新时代的到来对教育来说既是挑战也是机遇。一方面，在全面建成小康社会的基础上，分两步走。在21世纪中叶建成富强民主文明和谐美丽的社会主义现代化强国。在具备丰富的物质基础条件下，新时代对人才的教育也有新要求、新目标、新展望。另一方面，新时代教育的典型特征是人的素质的全面提升，这就要求高校教育必须以实现人的全面发展为立足点。新时代为教育的发展提供了良好的环境，为青年提供了更多发展机遇。然而，面对新时代带来的冲击和挑战，如何抓住机遇、迎难而上，不断提升自身的专业素质和品德修养水平，是每一个新时代大学生都要面对的人生课题。

---

① 高等教育"四为"指的是为人民服务、为中国共产党治国理政服务、为巩固和发展中国特色社会主义制度服务、为改革开放和社会主义现代化建设服务。

新时代高校思想政治教育的关键是要体现鲜明的时代特色、中国特色，用马克思主义武装大学生的头脑，提升政治理论内容的感召力，弘扬社会主义主旋律。新时代高校思想政治教育工作要以社会主要矛盾变化为重心，在高校思想政治工作实践经验基础上，用习近平新时代中国特色社会主义思想武装大学生的头脑，为国家培育担当民族复兴大任的时代新人，为实现伟大的"中国梦"而凝聚力量。

二、高校思想政治教育的内涵

（一）高校思想政治教育的特点

1. 政治性

思想政治教育作为阶级统治的工具，具有鲜明的阶级性。统治阶级的思想在每一时代都是占统治地位的思想。也就是说，一个阶级是社会上占统治地位的物质力量，同时也是社会上占统治地位的精神力量。

全国高校思想政治工作会议强调，意识形态工作是党的一项极端重要的工作。而思想政治教育是意识形态工作的一个方面，大学生是人民群众中最具生命力和创造力的一个群体，高校要把思想政治教育工作摆在更加突出和重要的位置，高校在进行思想政治教育的过程中更应该明确其鲜明的政治性，坚持正确的政治方向，运用马克思主义的立场、观点和方法分析和解决问题，坚定共产主义信仰，牢固树立中国特色社会主义理论自信、制度自信、道路自信和文化自信。

高校思想政治教育是高校思想政治教育工作者用科学的理论对大学生施加有目的、有计划、有组织的影响，促使他们树立起社会主义的共同理想以及共产主义的崇高信念的一种实践活动。大学生理想信念教育是以思想政治教育为核心的一种教育活动。

2. 科学性

（1）指导思想的科学性

指导思想要紧跟党的政治路线、思想路线和组织路线。高校思想政治教育坚持以马克思列宁主义、毛泽东思想、邓小平理论、"三个代表"重要思想、科学发展观、习近平新时代中国特色社会主义思想为指导，深入贯彻党的精神，全面落实党的教育方针，紧密结合"四个全面"战略布局，以理想信念教育为核心，以爱国主义教育为重点，以思想道德建设为基础，以大学生全面发展为目标，解放思想、实事求是、与时俱进、求真务实，坚持以人为本、贴近实际、贴近生活、贴近学生。

（2）内容的科学性

大学生思想政治理论课作为大学生思想政治理论教育的主导，是在青年学生中树立正确的世界观、人生观、价值观的重要途径。为此，思想政治教育既要注重引导大学生追求正确的"三观"，也要注意引导他们辨别各种错误思潮，与其划清界限。马克思列宁主义、毛泽东思想、邓小平理论、"三个代表"重要思想、科学发展观、习近平新时代中国特色社会主义思想体系是高校思想政治理论教育的主要内容，是被实践证明了的科学理论。

（3）方法的科学性

在时代发展的前提下，高校思想政治教育要准确把握思想政治教育的规律性，增强其实效性。高校思想政治教育是在特定的环境下在特定的群体中进行的，所以在选择思想政治教育方法时都要充分考虑到特殊情况的存在，从高校及学生的实际出发增强效果，有针对性地进行取舍。

3. 群众性

思想政治教育的群众性特征首先体现在对一切人员覆盖的广泛性上。思想政治教育对象的覆盖范围是全社会的所有人员。"一切为群众的工作都要从群众的需要出发，而不是从任何良好的个人愿望出发。"[①] 既然是为了群众的改革，就要尊重群众的意愿，不能强迫群众进行某种改革。

高校思想政治教育的群众性，是指思想政治教育要面向广大群众，尤其是面向广大学生进行。它要求思想政治教育要以群众喜闻乐见的形式进行，要紧密结合群众的实际生活和思想状况，用人民群众喜闻乐见的语言和方式进行宣传教育。同时，思想政治教育的内容要反映群众的利益和要求，切实解决群众在思想、工作、生活中遇到的各种问题，提高群众的思想觉悟和道德水平。在高校中，思想政治教育的群众性主要体现在以下几个方面：

首先，高校思想政治教育要面向全体学生，不分专业、年级、性别、民族、宗教信仰等，都要一视同仁地进行宣传教育。这要求高校思想政治教育要制定出符合各类学生特点的教育计划和方案，采用多种形式进行宣传教育，使所有学生都能接受到全面、系统、科学的思想政治教育。

其次，高校思想政治教育要紧密结合学生的实际生活和思想状况，了解学生的所思所想所需，用贴近学生实际的语言和方式进行宣传教育。例如，针对学生在学业、就业、人际关系等方面遇到的问题，可以开展有针对性的讲座、座谈会、

---

① 毛泽东. 文化工作中的统一战线 [N]. 人民日报, 1966-2-5（01）.

心理咨询等活动，帮助学生解决问题，提高思想认识。

最后，高校思想政治教育的内容要反映学生的利益和要求，切实解决学生在思想、工作、生活中遇到的各种问题。例如，针对学生在思想上存在的困惑和迷茫，可以开展有针对性的心理辅导、职业规划、社会实践等活动，帮助学生提高思想认识和综合素质。

4. 社会性

高校社会化是高校回应市场经济发展的体现，也是彰显高校价值的重要途径。高校社会化不仅包括开放办学、事业发展、教育教学实践、社会服务、科学运作的社会化，而且包括高校后勤工作的社会化。其中，后勤社会化对高校思想政治教育的影响最大，使高校思想政治教育的社会化程度越来越明显。突出表现在社会大环境与校园小环境之间形成立体式的交叉渗透、动态式的交流合作格局上，尤其是校园周边环境对大学生的思想发展具有重要的影响；各种教育教学基地、爱国主义教育基地、社会实践基地等建立起来并发挥着积极作用，社会实践成为高校思想政治教育的重要组织形式。高校思想政治教育只有自觉地融入丰富多彩的社会生活中去，才能真正实现内容、方法、途径、机制和体制的创新，才能有效地促进大学生全面、健康地成长。

高校社会化对大学生的生活方式、交际方式、思维方式和价值取向会产生重大而深刻的影响。在高校思想政治教育社会化的过程中，相关教育工作者要从大学生的思想实际出发，积极探索高校思想政治教育的新内容、新方法、新手段和新机制，力争在教育思想、教育宗旨、教育模式上有所创新和突破。要积极开展具有民族特色和地方特色的大学生社会实践活动，如开展贯彻习近平新时代中国特色社会主义思想和增强共产党员先进性教育的宣传活动，以实际行动落实社会主义核心价值观，积极开展具有区域和专业特点的大学生实践活动和青年志愿者活动、各种社会公益活动和勤工助学活动，通过实际体验增强践行习近平新时代中国特色社会主义思想的坚定性、自觉性和积极性。同时，在高校思想政治教育社会化过程中，要始终保持正确的政治方向，增强青年的政治意识、大局意识和战略意识，把他们培养成合格的"四有"新人。高校思想政治教育的社会性和阶级性是一致的，只有保持阶级的先进性，才能确保社会性的正确方向；只有回归到社会生活中去，才能使阶级性落到实处。

5. 时代性

高校思想政治教育的时代性，就是要把握时代脉搏、与时俱进，不断地推进思想政治教育理论创新。时代的不断发展使思想政治教育的时代性成为思想政治教育工作者需要一直面临的问题，他们不但要关注时代的发展，而且还应根据不同形势下的经济社会发展状况对思想政治教育进行创新和发展。

高校思想政治教育毫无意外地也要紧跟时代步伐、社会发展的节奏，不允许滞后和倒退，具有鲜明的时代特征。这一特征主要体现在对当前党的路线、方针、政策等以及其理论来源和现实依据的及时更新，这样对大学生理解理想信念教育、爱国主义教育、人生观教育、道德理论教育等具有现实意义。高校思想政治教育只有融入时代的理论内容，其理论教育才更具生命力，才更容易被大学生所掌握。时代性特征体现在高校思想政治教育内容中，就是要做到理论联系实际，让大学生掌握先进、正确的理论知识从而更好地指导实践活动，处理好实践中遇到的问题，这样的思想政治教育更具说服力。

任何真正的哲学理论都必定是特定时代的精华，任何真正的理论都必定是特定时代的产物，反映着特定时代的本质特点、历史潮流和时代要求。大学生的思想政治教育理论作为科学的指导思想，是对新形势下当代大学生思想上出现的新问题和新情况提出的新任务和新要求。

6. 传承性

我国几千年来一直很重视个人修养教育。在封建社会，受儒家学说的影响，教育者非常重视对民众的忠君爱国思想以及个人的道德修养教育，也就是"修身、齐家、治国、平天下"。这种教育为广大民众所接受，并成为日常行为的标准。这种标准具有传承性，而且具有相对稳定性，对国家长治久安、社会的和谐稳定起到积极作用。我国古代的这种思想政治教育不仅历史久远，而且发展完善，其中许多内容在时代发展中演化成文化中的积极因素积淀在现实社会之中，通过各种方式传承下来，直到今天仍然有它的积极意义，而且会一直传播下去。

高校思想政治教育一直以来都是教育体系中的重要组成部分，它承载着培养新时代优秀人才的重要使命。在漫长的发展历程中，高校思想政治教育形成了其独特的传承性。这种传承性不仅体现在教育内容的连贯性上，还体现在教育方法的创新性上，更体现在教育理念的先进性上。

首先，从教育内容上看，高校思想政治教育具有明显的连贯性。它从学生的实际情况出发，根据不同阶段的学生特点制定相应的教育内容。例如，对于大一新生，思想政治教育注重引导他们适应大学生活，建立正确的世界观、人生观和价值观；对于大二、大三的学生，思想政治教育则注重培养他们的思辨能力和文化素养；对于大四的学生，思想政治教育则关注他们的就业导向和未来发展。这种连贯性的教育内容能够帮助学生逐步建立正确的世界观、人生观和价值观，从而更好地适应社会的发展变化。

其次，从教育方法上看，高校思想政治教育具有明显的创新性。它不断更新教育方法，从传统的讲授式教学发展到现在的互动式教学、案例式教学、探究式教学等多种教学方法。这些创新性的教育方法能够更好地激发学生的学习兴趣，提高他们的学习效果。例如，通过组织小组讨论和案例分析，可以帮助学生更好地理解和掌握理论知识；通过开展社会实践和志愿服务等活动，可以培养学生的实践能力和社会责任感。

最后，从教育理念上看，高校思想政治教育具有明显的先进性。它始终坚持以人为本的教育理念，注重学生的个性发展和全面素质的培养。这种先进的教育理念不仅关注学生的知识学习，还关注学生的心理健康、人文素养和社会适应能力等方面的发展。例如，高校思想政治教育会通过开展心理健康教育和心理辅导等工作，帮助学生解决心理问题，提高心理素质；通过开展文化素养和社会适应能力等方面的教育和培训，帮助学生更好地融入社会，实现全面发展。

总之，高校思想政治教育的传承性体现在教育内容的连贯性、教育方法的创新性和教育理念的先进性上。这种传承性不仅能够保证学生得到全面、系统的思想政治教育，还能够为学生的成长和发展提供有力的支持和保障。在未来的发展中，高校思想政治教育将继续坚持其传承性，不断创新和发展教育内容和方法，为培养新时代优秀人才做出更大的贡献。

7. 信息化

人类已经进入了信息化时代。信息技术使人类的物质文明、精神文明和政治文明发生着巨大而深刻的变迁，信息生活成为大学日常生活的重要组成部分，并全方位地改变着大学生的日常生活方式、思维方式和价值观念。高校思想政治教育信息化是时代发展的客观趋势，也是高校思想政治教育创新的必然举措，突出表现为以下几点。①教育信息的海量化和更新的快捷性。网络空间的信息资源远远超过了传统的资源，而且更新的速度惊人。②教育载体的开放性和参与性。网络载体是一个高度开放的新兴载体，高校师生可以在其中平等地进行教育和接受平等的教育。③教育实践的隐蔽性和人际情感的间接性。网络教育是一种非面对面的间接性教育，人们可以借助网络接受知识、获取信息、交流情感，避免了人与人之间面对面的接触。要满足高校思想政治教育信息化的要求，传统思想政治教育必须实现与信息化的整合，探索新的教育模式。

针对高校思想政治教育信息化的新特点，一方面要用马克思主义的基本立场、观点和方法对网络文化的"双刃性"进行全面、科学、深入的分析，弘扬主旋律，提倡多样化，坚持高校思想政治教育社会主义方向不改变；另一方面要正确认识信息化的具体特点和功能，发挥信息技术的优势，提高高校思想政治教育的技术含量和效益。在教育宗旨上，以造就社会人格为本位；在教育主题上，以弘扬主体性为旨归；在教育机制上，以构建网络阵地为重点；在教育方法上，以现代化为取向。在构建高校思想政治教育信息化教育模式的过程中，要正确处理信息化教育和传统教育、自律教育和他律教育以及经济全球化和民族性之间的关系。

（二）高校思想政治教育的要素

不同时代、不同国度、处于不同发展阶段的思想政治教育各不相同。一般提到思想政治教育时，都是有特定的范围和指向的，如阶级的思想政治教育、政党的思想政治教育、企业的思想政治教育、学校的思想政治教育、军队的思想政治教育、特殊群体（如留守儿童、服刑人员、灾民、贫困生等）的思想政治教育。由于大学生群体的特殊性，在高校思想政治教育中，要重点关注五个要素。

1. 高校思想政治教育的方向和指导思想

坚持以马克思列宁主义、毛泽东思想、邓小平理论、"三个代表"重要思想、科学发展观和习近平新时代中国特色社会主义思想为指导，深入贯彻党的二十大精神，全面落实党的教育方针，紧密结合建设社会主义现代化强国的实际，以理想信念教育为核心，以爱国主义教育为重点，以思想道德建设为基础，以大学生全面发展为目标，解放思想、实事求是、与时俱进，坚持以人为本，贴近实际、贴近生活、贴近学生，努力提高思想政治教育的针对性、实效性和吸引力、感染力，培养德、智、体、美、劳全面发展的社会主义合格建设者和可靠接班人。

2. 高校思想政治教育的基本原则

（1）方向原则

高校思想政治教育的方向原则是指高校思想政治教育要有明确的中国特色社会主义和共产主义方向，要与中国共产党的纲领、路线、方针、政策相一致。这一原则是反映高校思想政治教育本质的根本原则。

坚持方向原则要力求做到以下几点。

第一，要统一对坚持方向原则必要性的认识。一是要使全体大学生思想政治教育者认识到，偏离中国特色社会主义和共产主义方向的高校思想政治教育不是我们所需要的高校思想政治教育。二是要使学校各级党政部门、各级领导认识到，我国大学必须坚持社会主义的办学方向，大学的首要任务是培养中国特色社会主义事业的建设者和接班人。三是要使大学生认识到，坚持中国特色社会主义方向是大学生思想政治素质的首要内容，是大学生成为中国特色社会主义事业建设者和接班人的必要前提，并且有利于大学生个人的全面发展。

第二，坚持方向原则要讲求科学性。要将坚定的原则性与方法的灵活性结合起来，努力把坚持正确的政治方向落实到高校思想政治教育者的工作中，落实到大学生的日常学习、生活中，渗透到高校思想政治教育的方方面面。

第三，坚持方向原则要始终如一。不仅思想政治理论课的教学应如此，大学生日常思想政治教育也应如此；不仅现在要如此，将来任何时候都应如此。只有在高校思想政治教育的任何阶段或任何环节上都不放松，高校思想政治教育才不会偏离正确的政治方向。

（2）层次原则

层次原则是指高校思想政治教育要根据施教对象不同的思想政治觉悟水平，区别对待，分层次进行。

由于大学生个体成长背景的不同、所处环境的不同和个人修养及努力程度的不同，大学生个体思想政治觉悟处于不同的层次。因此，只有区分层次、针对差异、区别对待，才能增强教育的针对性和实效性。

贯彻层次原则，要力求做到以下几点。

第一，要做好层次的划分工作。划分层次是一项科学性要求高也非常艰苦细致的工作。首先要深入做好调查，搞清所教大学生的思想政治素质状况。然后，要确定划分层次的标准，依据一定的标准对所教大学生的思想政治觉悟水平进行层次的划分。

第二，要在调查和区分层次的基础上，找出每个层次的具体特点。同时综合考虑其他因素，从而确定高校思想政治教育的目标，选择教育内容和方式方法。

第三，要正确理解层次原则，不能将层次片面地理解为划分等级，尤其不能使层次绝对化。因为层次的划分是相对的，层次本身不是凝固的而是动态的，层次只是针对当时的情况划分的，经过教育甚至在教育过程中就会有所变动。具体到某个人身上就更难准确地确定他属于哪一层次。按层次进行思想政治教育，是为了更符合所教大学生的实际情况和要求，是为了加强教育的针对性，以求取得更好的教育效果。

(3) 主体原则

主体原则是指高校思想政治的教育者应将大学生视为接受教育、实现教育目标的主体，充分尊重他们的主体地位，通过调动他们自我教育的积极性，从而实现高校思想政治教育目标的行为准则。

坚持主体原则，主要应做到以下几点。

第一，要重视施教对象的主体地位。高校思想政治教育的过程是教育者和受教育者的双向互动过程，是教育者的施教活动和受教育者接受教育的自我活动过程。教育者应对受教育者的主体地位有足够的重视，必须克服以往不够重视的错误倾向。

第二，要以提高大学生的自我教育能力为主。把教育和自我教育有机结合起来，培养大学生的主体意识和自我教育能力，从而实现由教育向自我教育的转化。

第三，要对自我教育做正确的引导。大学生怎样才能健康成长，朝什么样的方向成长，应当结合高校思想政治教育的目的来确定。我们一方面要强调通过教育发展大学生的自我教育能力，另一方面也要强调对大学生的自我教育进行正确引导，这种引导是重视、尊重大学生主体地位的需要。

(4) 示范原则

示范原则是指利用先进典型和教育者的自身楷模作用，对大学生进行思想政治教育的工作准则。

坚持示范原则，主要应做好以下几点。

第一，要善于树立大学生身边的典型，实事求是地宣传他们的典型事迹。大学生身边的典型是和大学生在同一空间的工作、学习和生活中产生的。因此，大学生思想政治教育者要经常深入实际，调查研究，及时发现和树立大学生身边的典型。同时要实事求是地宣传他们的先进事迹，不能任意拔高夸张，更不能张冠李戴。要关心爱护这些典型，使先进典型保持先进或更加先进。

第二，要引导大学生正确地学习先进典型。通过教育要使大学生懂得：学习先进典型重在学习其精神和思想，而不能不顾时间、地点、条件机械地模仿其行为；学习先进典型要与自己的思想实际结合起来，寻找差距，见贤思齐；学习先进典型不能对先进典型求全责备，不能因先进人物有不足而影响对其先进事迹的学习；学习先进典型不能妒贤嫉能。

第三，要努力并善于营造先进光荣的舆论氛围，营造学习先进、赶超先进、见贤思齐的生动局面。

第四，高校思想政治教育者要提高自身修养，以身作则，率先垂范，要身教重于言教，使自己成为大学生的学习榜样，成为大学生的人生导师。做到"凡是要求大学生做到的，自己首先做到；凡是要求大学生不做的，自己首先不做"，用自身的模范行动影响大学生，用自己的美好形象和人格魅力感染大学生。

（5）民主原则

在思想政治教育中，教育者和受教育者之间要民主、平等地交流，提高思想政治教育的实效，就需要遵循民主原则。

民主原则是指在现代思想政治教育中尊重人民群众的主人翁地位，尊重教育对象的人格和民主权利，创造条件让教育对象充分发表自己的意见并加以正确的引导。民主的原意是指人民的权力，其本质是平等。在高校思想政治教育中，民主就是教育者与受教育者之间在充分尊重双方的人格和民主权利的前提下，创造条件让双方充分表达自己的思想和意见，并在此基础上集中正确的意见和建议，满足其合理的要求，制定切实可行的实施方案，共同完成思想政治教育的任务，实现思想政治教育的目标。

坚持民主原则，要力求做到尊重学生、关心学生。尊重学生，就是尊重他们的主体地位，尊重他们的人格及宪法赋予的各种权利，从而充分调动、引导和提高他们对学习和个人发展的积极性、创造性。关心学生，即要求教育者多关注、爱护、帮助学生，在学业上关心学生的进步，在生活上关心学生的困难，真心实意地为学生提供帮助，使学生切实感受到温暖。

这样，我们不仅可以提高学生的学习积极性，还可以培养他们的社会责任感和公民素质，为社会主义物质文明建设和精神文明建设做出贡献。

（6）实事求是原则

实事求是原则是指高校思想政治教育始终要坚持理论联系实际，一切从实际出发，发现和掌握高校思想政治教育规律，以提高教育的针对性和实效性。

坚持实事求是原则，要求做到以下几点。

第一，要有求实的精神。高校思想政治教育工作者应该在工作中努力做到不唯上、不唯书、不唯心，只唯实。要老老实实深入学生、深入社会，搞好调查研究，说实话、办实事，不隐瞒困难、问题或错误，不弄虚作假，不哗众取宠。

第二，要把解决思想问题与解决实际问题相结合。高校思想政治教育要解决的是大学生的思想问题。思想问题主要有两个方面，即思想认识问题和思想意识问题。在现实生活中，大学生的思想问题往往是认识问题与意识问题交织一起。要解决大学生的思想问题，就要从调查研究和提高认识入手，通过各种形式的教育帮助大学生消除各种不健康的思想认识和意识。解决大学生思想问题的过程，就是一个"求实"和"求是"的过程。

第三，要勇于创新。"求实"和"求是"都是一种创造性劳动。社会的发展变化、大学生思想政治素质的发展变化，决定了高校思想政治教育的发展变化。

这种发展变化决定了高校思想政治教育的实事求是是发展变化中的实事求是。高校思想政治教育者只有不断地使自己的思想符合变化了的实际，才能真正做到实事求是。如果没有创新意识和创新能力，是很难做到这一点的。而且进行"求实"或"求是"的目的是促进大学生的思想政治素质转变、升华和发展，这就更需要高校思想政治教育者勇于创新。这种创新既要有高校思想政治教育理论的创新、高校思想政治教育体制的创新，也要有高校思想政治教育的内容、方法与手段的创新。

（7）疏导原则

疏导原则是指在遵循大学生思想政治素质形成发展规律的前提下，对大学生的思想进行疏通和引导，也就是要求高校思想政治教育者运用大学生思想政治素质形成发展规律进行疏通和引导。疏通，就是创造条件，让大学生畅所欲言，把自己的观点及意见充分表达出来；或者通过教育释疑解惑，解决大学生思想认识"不通"的问题。引导，就是肯定大学生的正确意见和正确的行为表现，针对大学生的思想症结加以正确的和积极的教育引导。把疏通与引导有机地结合起来，在疏的基础上导，在导的要求下疏，便是"疏导"。

坚持疏导原则，必须力求做到以下几点。

第一，要正确认识疏与导的辩证关系。疏是导的基础，导是疏的升华；疏是手段，导是目的。离开导，就会导致放任自流，疏就会失去目标和意义；离开疏，导就会失去前提和基础。二者互为保证、互相包含、辩证统一，"导而不疏"或者"疏而不导"，都会割裂二者的辩证统一关系。

第二，要注意运用科学的方法。民主的方法、讨论的方法、批评的方法和说服教育的方法都是疏导的基本方法。当然，疏导的方法并不只有这四种。在实际疏导工作中可以借鉴其他方法，也可以创造有价值的新方法。高校思想政治教育者可以按照"一把钥匙开一把锁"的原理，针对不同对象、不同问题、不同场合采取不同的疏导方法。

第三，要积极开展批评与自我批评。那种认为疏导不包括思想斗争、不包括批评的观点是不对的。

（8）渗透原则

渗透原则是指高校思想政治教育要渗透到教学、科研、管理等各种业务工作中去，融入各种教育因素及方式中，要与各项具体工作结合起来，以循序渐进和潜移默化的形式进行。

坚持渗透原则，应注意以下几点。

第一，要协调好各方面的关系，以形成教育合力。渗透教育是一种综合性教育，要使各方面教育力量形成教育合力，就要做好协调关系的工作。根据教书育人、服务育人和管理育人的全员育人的大学办学理念，在学校党委的统一领导下，大致确定学校党、政、工、团等的思想政治教育职责和任务，使各个方面都结合着各自的业务工作来开展高校思想政治教育。高校思想政治教育者则应深入学校各部门和各环节，具体做好协调关系的工作，力争形成一个运转正常有序的高校思想政治教育系统。

第二，要潜移默化，寓教于无形。渗透教育必须渗透在大学生日常学习、生活和社会活动中，要追求一种潜移默化、寓教于无形的效果，即通过人为创设的思想政治教育氛围，使大学生在不知不觉中自然而然地受到教育熏陶。这是一项细致的、系统性的工作，需要学校各方面和社会各方面统一认识，通过各自的业务途径与形式，向同一方向对大学生施加渗透教育影响。

第三，要循序渐进。渗透原则强调"春风化雨，点滴入土"式教育，这里的关键是要循序渐进。要做到循序渐进，需要注意四点：一要注意适情、适时、适度。适情即合乎大学生的思想基础和实际情况；适时即要注意选择时机、因势利导；适度即渗透的力度、深浅要适当。二要由浅入深，由易到难，由低到高，渐次推进，切忌急躁。三要做好各个教育阶段的衔接工作。四要抓好预防教育和反复教育。

第四，要进行反渗透。我们对大学生进行思想意识的渗透，敌对势力的、反动的、腐朽没落的思想意识也会对大学生进行思想意识的渗透。对于反动的、腐朽没落的思想意识的渗透，高校思想政治教育者必须具有反渗透意识，开展扎实有效的反渗透工作。高校思想政治教育者按照渗透原则的要求做好了渗透工作，就是最好的反渗透。

3.高校思想政治教育的主体和客体及其相互关系

高校思想政治教育的主体主要包括从事思想政治教育的教师、人员和各课程授课教师；客体主要是指接受思想政治教育的对象或人，这里主要界定为高等院校的学生。同时，高校思想政治教育的主体不限于学校这一圈子，国家、政府和社会等层面也可发挥高校学生施教者的作用。本着教学相长的原则，高校思想政治教育的客体即高校学生也能够发挥主体的作用，在思想政治教育中对主体即教师产生能动作用；主体和客体在内化的基础上都能对自身进行思想政治教育。在高校思想政治教育过程中，教育者和受教育者、教育主体与教育客体之间相互影响、相互作用、相互推动，本体内化，从而提高思想政治教育的实效。

4. 高校思想政治教育的载体、场景和人员的多样化

高校思想政治理论课是高校思想政治教育的主渠道，形势政策教育是思想政治教育的重要内容和途径。课堂成为高校思想政治教育的主阵地，课堂教学和说服教育成为高校思想政治教育的主要形式。高校各门课程都具有育人功能，所有教师都负有育人职责，要努力拓展新形势下高校思想政治教育的有效途径。这就意味着高校思想政治教育不仅可以在课堂内实施，而且还可以把场地置换到教室之外，依托大学生社会实践活动和校外教育基地创设"移动课堂"；不仅可以实施教师和学生面对面的教学，而且还可以实施网络教学和远程教育；不仅思想政治教育专职人员和"两课"教师有责任和义务进行思想政治教育，而且还要有全员意识，所有教师无论是在课内还是在课外都有进行思想政治教育的责任和义务。

5. 高校思想政治教育的主要任务

高校思想政治教育的内容十分广泛，这些内容共同构成了高校思想政治教育的主要任务。

第一，要以理想信念教育为核心，进行正确的世界观、人生观和价值观教育。大学生应树立正确的理想信念，培养高尚的道德情操。人总是要有点精神追求的，理想信念是人生的精神支柱和动力源泉。高校思想政治教育者要积极引导大学生不断追求更高的目标，确立马克思主义的坚定信念；要教育大学生树立在中国共产党领导下走中国特色社会主义道路、实现中华民族伟大复兴的共同理想和坚定信念。世界观是人们对生活在其中的世界以及人与世界的关系的总体看法和根本观点。人生观是世界观的重要组成部分，是人们在实践中形成的对于人生的目的和意义的根本看法，它决定着人们实践活动的目标、人生道路的方向和对待生活的态度。价值观是人们关于什么是价值、怎样评判价值、如何创造价值等问题的根本观点。世界观、人生观和价值观教育对于高校思想政治教育是非常重要和必

要的，它符合大学生的认知特点，对于大学生正确看待自己、人生和社会有着至关重要的意义。

第二，要以爱国主义教育为重点，加强民族精神教育。爱国主义是中华民族的优良传统，是中华民族生生不息、屹立于世界民族之林的强大精神动力。做一个忠诚的爱国者，是对当代大学生的基本要求。中华民族是富有爱国主义光荣传统的伟大民族，在五千多年的历史发展进程中，形成了以爱国主义为核心的团结统一、爱好和平、勤劳勇敢、自强不息的伟大民族精神。培育大学生的爱国主义精神，就是要让大学生了解祖国悠久的历史文化和优良传统，了解我国的基本国情，认清祖国的美好未来和自己的社会责任，培养爱国主义情感。爱国主义是一个历史范畴，有着鲜明的时代特点，在社会发展的不同时期、不同阶段有不同的具体内涵，随着时代的发展而不断注入新的内容。

第三，要以基本道德规范为基础，进行公民道德教育。大学时期是人生道德意识形成、发展和成熟的一个重要阶段，在这个时期形成的思想道德观念对大学生的一生影响很大。大学生要继承和弘扬中华民族优良道德传统，全面把握社会主义道德建设的核心、原则，自觉恪守公民基本道德规范，努力养成良好的道德品质。高校要教育大学生了解道德及其历史发展，坚持以人民为中心、以集体主义为原则，努力践行社会主义核心价值观，学习社会公德、职业道德和家庭美德，自觉遵守基本道德规范，努力提高思想道德素质。

第四，要以大学生全面发展为目标，深入进行素质教育。以素质教育为依托，拓展高校思想政治教育的内容，促进大学生思想道德素质、科学文化素质和身心素质的协调发展。促进大学生全面发展，要十分重视大学生的心理健康教育。现代社会的竞争与发展形势使大学生的心理问题日益突出，要根据大学生的心理特点有针对性地开展心理辅导，提高大学生的心理调适能力。

高校思想政治教育是一个相互联系、互相渗透的统一体。同时，高校思想政治教育任务的实现需要坚持科学性、时代性和规范性的原则。

思想政治教育的科学性是指思想政治教育的开展要符合思想政治教育的规律，它是实现思想政治教育实效性的理论基础。根据思想政治教育的规律开展思想政治教育实践，是其科学性的基本要求，也是解决其低效问题的根本办法。以科学性为基础，充分发挥规范性与合情性教育优势，是增强思想政治教育实效性的重要途径。

思想政治教育的时代性是指思想政治教育内容要把握时代主题，不断拓宽教育领域，从符合时代要求的思想和观念中提炼鲜活的教育资源，不断赋予高校思想政治教育以鲜明的时代特征、时代内容和时代风格。思想政治教育的时代性要求教育内容紧密联系当今时代的重大现实问题和大学生的生活、学习实际，使教育富有生机和活力。

思想政治教育的规范性是指思想政治教育在进行传统的理论教学和思想教育的同时，还应该以大学生全面发展为目标，加强民主、法治教育，增强大学生的遵纪守法观念。规范性是实现实效性的有效保障，也是思想政治教育目标在思想政治教育对象法治意识和行为规范上的具体体现。

三、高校思想政治教育的基本要求

（一）思政课层面

1. 加强党对思政课建设的领导

（1）推动建立高校党委书记、校长带头抓思政课机制

加强和改进高校领导干部深入基层联系学生工作，推动高校领导干部兼任辅导员或班主任等工作，建立健全高校党委书记、校长及职能部门力量深入一线了解学生思想动态、服务学生发展的制度性安排。高校党委书记、校长作为思政课建设第一责任人，要结合自身学科背景和工作经历，带头走进课堂听课讲课，带头推动思政课建设，带头联系思政课教师。高校党委常委会每学期至少召开1次会议专题研究思政课建设，高校党委书记、校长每学期至少给学生讲授4个课时思政课，高校领导班子其他成员每学期至少给学生讲授2个课时思政课，可重点讲授"形势与政策"课。开学典礼、毕业典礼讲话等要鲜明体现党的教育方针、积极传播马克思主义科学理论、弘扬社会主义核心价值观。要把思政课建设情况纳入学校党的建设工作考核、办学质量和学科建设评估标准体系。

（2）积极拓展思政课建设格局

中央教育工作领导小组要把思政课建设纳入重要议事日程，教育部、中央宣传部等部门要牵头抓好思政课建设，中央军委政治工作部要指导抓好军队院校思政课建设。教育部成立大中小学思政课一体化建设指导委员会，加强对不同类型思政课建设分类指导。有关部门和各地要保证思政课管理人员配备，确保事有人干、责有人负。强化中考、高考、研究生招生考试对学生学习思政课的指挥棒作用，将思政课学习实践情况等作为重要内容纳入综合素质评价体系，探索记入本人档案，作为学生评奖评优重要标准，作为加入中国少年先锋队、中国共产主义青年团、中国共产党的重要参考。坚持开门办思政课，推动思政课实践教学与学

生社会实践活动、志愿服务活动结合，思政小课堂和社会大课堂结合，鼓励党政机关、企事业单位等就近与高校对接，挂牌建立思政课实践教学基地，完善思政课实践教学机制。制定关于加快构建高校思想政治工作体系的意见，汇聚办好思政课合力。加大正面宣传和舆论引导力度，推动形成全党全社会努力办好思政课、教师认真讲好思政课、学生积极学好思政课的良好氛围。

2.完善高校思政课课程教材体系

（1）整体规划思政课课程目标

在大中小学循序渐进、螺旋上升地开设思政课，引导学生立德成人、立志成才，树立正确世界观、人生观、价值观，坚定对马克思主义的信仰，坚定对社会主义和共产主义的信念，增强中国特色社会主义道路自信、理论自信、制度自信、文化自信，厚植爱国主义情怀，把爱国情、强国志、报国行自觉融入坚持和发展中国特色社会主义事业、建设社会主义现代化强国、实现中华民族伟大复兴的奋斗之中。大学阶段重在增强使命担当，引导学生矢志不渝听党话跟党走，争做社会主义合格建设者和可靠接班人。

（2）调整创新思政课课程体系

加强以习近平新时代中国特色社会主义思想为核心内容的思政课课程群建设。在保持思政课必修课程设置相对稳定基础上，结合大中小学各学段特点构建形成必修课加选修课的课程体系。全国重点马克思主义学院率先全面开设"习近平新时代中国特色社会主义思想概论"课。博士阶段开设"中国马克思主义与当代"，硕士阶段开设"中国特色社会主义理论与实践研究"，本科阶段开设"马克思主义基本原理概论""毛泽东思想和中国特色社会主义理论体系概论""中国近现代史纲要""思想道德修养与法律基础""形势与政策"，专科阶段开设"毛泽东思想和中国特色社会主义理论体系概论""思想道德修养与法律基础""形势与政策"等必修课。各高校要重点围绕习近平新时代中国特色社会主义思想、党史、国史、改革开放史、社会主义发展史，宪法法律，中华优秀传统文化等设定课程模块，开设系列选择性必修课程。

（3）统筹推进思政课课程内容建设

坚持用习近平新时代中国特色社会主义思想铸魂育人，以政治认同、家国情怀、道德修养、法治意识、文化素养为重点，以爱党、爱国、爱社会主义、爱人民、爱集体为主线，坚持爱国和爱党爱社会主义相统一，系统开展马克思主义理论教育，系统进行中国特色社会主义和中国梦教育、社会主义核心价值观教育、法治教育、劳动教育、心理健康教育、中华优秀传统文化教育。遵循学生认知规律设计课程内容，体现不同学段特点，研究生阶段重在开展探究性学习，本专科阶段重在开展理论性学习。

（4）加强思政课教材体系建设

国家教材委员会统筹大中小学思政课教材建设，科学制定教材建设规划，注重提升思政课教材的政治性、时代性、科学性、可读性。国家统一开设的大中小学思政课教材全部由国家教材委员会组织统编统审统用，在教材中及时融入马克思主义中国化最新成果、坚持和发展中国特色社会主义最新经验、马克思主义理论学科最新研究进展。地方或学校开设的思政课选修课教材，由各地负责组织审定。研究编制习近平新时代中国特色社会主义思想进课程教材指导纲要，研究编制中华优秀传统文化、革命文化、社会主义先进文化、科技创新文化及总体国家安全观等进课程教材指南，编制中华民族古代历史和革命建设改革时期英雄人物、先进模范进课程教材图谱，分课程组织编写高校思政课专题教学指南，组织专家编写深度解读教材体系的示范教案，实施思政课优秀讲义出版工程，开列马克思主义经典著作、当代中国马克思主义理论著作、中华优秀传统文化典籍书单，建设思政课网络教学资源库。

3.完善高校思政课教师队伍建设

办好思想政治理论课关键在教师，关键在发挥教师的积极性、主动性、创造性，思政课教师政治要强、情怀要深、思维要新、视野要广、自律要严、人格要正。

政治要强是思政课教师的首要素质要求，要求坚定马克思主义信仰，并保持政治清醒。思政课教师是学校意识形态主阵地的守护者、示范者、传播者。

情怀要深是教师重要的职业素养，要求有爱国情怀、传道情怀和仁爱情怀。

思维要新要求学会并运用辩证唯物主义和历史唯物主义，创新课堂教学，引导学生树立正确的理想信念、学会正确的思维方法。

视野要广要求思政课教师具备广泛的知识视野、国际视野和历史视野，灵活运用纵横比较的方法。

自律要严要求思政课教师发挥榜样的力量，坚持言传和身教相统一，自觉弘扬主旋律，积极传递正能量。

人格要正是教师立德树人、铸魂育人的重要前提，要求用真理的力量感召学生，以高尚的人格感染学生、赢得学生，做为学为人的表率。

（二）思想政治教育层面

1. 推动理想信念教育常态化、制度化

广泛开展中国特色社会主义和中国梦宣传教育，弘扬民族精神和时代精神，加强爱国主义、集体主义、社会主义教育，加强马克思主义唯物论和无神论教育。

2. 培育和践行社会主义核心价值观

加强教育引导、实践养成、制度保障，推动社会主义核心价值观融入社会发展和百姓生活。加强党史、新中国史、改革开放史、社会主义发展史和形势政策教育，引导党员、干部、群众旗帜鲜明反对历史虚无主义，继往开来走好新时代长征路。

3. 加强社会主义法治教育

深入学习宣传习近平法治思想，在全社会普遍开展宪法宣传教育，有针对性地宣传普及法律、法规和法理常识，加大党章党规党纪宣传力度。

4. 增强忧患意识，坚持底线思维，坚定斗争意志

习近平总书记强调，"我们面临的各种斗争不是短期的而是长期的，至少要伴随我们实现第二个百年奋斗目标全过程"[1]。与这段伟大征程相伴而行、并肩战斗的正是新时代的大学生群体。将斗争精神融入高校思想政治教育，既是对革命传统的传承，又从理论深度和现实维度回应了高校思政建设的迫切需求。

四、高校思想政治教育的常用方法

（一）情境式教学法

1. 情境式教学法的含义

情境式教学法，即充分利用形象，创设典型场景，激起学生的学习情绪，把认知活动和情感活动结合起来的一种教学模式。

2. 情境式教学的意义

（1）教师教学方面

首先，运用情境式教学法可以显著提升高校思想政治教育课程的教学效果。这是因为在情景式教学活动过程中，教师能够紧扣时代的发展趋势，依据新的情况和问题对教学内容进行有针对性的更新，这就使教学变得更加富有时效性。

---

[1] 中共中国社会科学院党组.在新的伟大斗争中赢得胜利[N].人民日报，2021-8-25（09）.

其次，运用情境式教学法有利于加快高校思想政治教育课程的改革步伐。教师通过创设一些生动的教学情境，提升学生的学习积极性，开阔他们的视野，激发他们的学习兴趣，并促进师生之间的交流协作，进而推动高校思想政治教育课程的改革。

最后，运用情境式教学法还可以起到推进学校教学管理制度改革的作用。在运用情景式教学的过程中，可以适当对一些学校的教学管理制度进行试点改革，并在实践中不断总结和推广，形成一个规范的教学制度。

（2）学生学习方面

首先，情境式教学有助于团队精神的形成。学生可以在一些教学情境中，相互沟通，形成团队合作交流的精神。

其次，情境式教学还能够帮助学生转变学习方式。通过教学场景的设置，学生能够更好地将知识和社会紧密联系起来，提升学习兴趣，提高科学探究能力。

最后，情境式教学还能够提升高校思想政治理论课的教学实效性。其通过生动、形象、直观的教学情境，加深学生对教学内容的理解和印象，提升他们分析问题、解决问题的能力。

3. 情境式教学的实现途径

情境式教学的实现途径有以下几个：一是通过丰富优美的语言来对情境进行描述；二是通过动漫、影视、PPT等来渲染情境；三是通过设置角色进行表演的方式来创设情境；四是通过组织调查、考察、访问的方式来观察实地情境。

（二）体验式教学

1. 体验式教学的含义

体验式教学是以学生为主体，以活动为载体，让学生通过自己的感受去领悟知识，再回归实践的教学模式。

2. 教学意义

一是可以将学习内容和要求整合起来，更加富有针对性。利用丰富的社会资源来拓展教学的空间，有效地组织教学活动。

二是可以对学生的人际关系的处理能力、团队交流合作的精神进行培养，提升教学的广泛性、凝聚性。一方面，吸引学生的眼球，拉近学生之间的距离；另一方面，体验式教学需要学生的通力合作，进而能增强他们的团队意识。

3. 教学原则

体验式教学的原则有以下三点：一是目的性要强，必须要有明确的目标指向性；二是要在认真研究、多方调研之后进行严密的设计；三是要具有极强的导向性，能够对教学活动参与者起到真正的教育作用。

（三）理论教育法

理论教育法是最能使受教育者感受到教育者教育目的的方法，是高校思想政治教育的主要方法。教育者通过理论教育法，直接将马克思主义、毛泽东思想、邓小平理论、"三个代表"重要思想、科学发展观、习近平新时代中国特色社会主义思想灌输给受教育者。

1. 理论教育法的含义

理论教育法是将历史性、时代性、开放性结合的典范。理论教育法是指教育者通过语言讲解理论，向受教育者传授科学理论的方法。理论教育法主要用于系统的马克思主义理论教育、理论学习辅导和党的路线、方针与政策的宣传讲解，也用于针对思想实际阐述思想政治道理。

2. 理论教育法的形式与要求

（1）理论讲授法

理论讲授法的应用要求主要有以下三点。

第一，要有科学的内容。讲授的理论、概念应具有科学性，所讲述的理论应该经得起实践的检验，经得起时间的考量。当代高校思想政治教育工作的主要对象是大学生。他们接受了很多的信息，对于各种理论有自己朦胧的看法，如果接受的理论并不科学，经不起大学生的反思，其效果只能是适得其反。

第二，要有透彻的说理。理论教育者要将所讲的道理、概念准确说明，说透实质，要能够通过事物的现象揭示其本质。说理是理论教育法的基本形式，要做到说理透彻，才能抓住人的思想。

第三，要讲究一定的语言艺术。教育工作者要能够用通俗易懂的语言、新颖活泼的表述、生动鲜活的事例来活跃气氛、启发思考，增强理论教育的效果。当代生活的实际也表明传媒的力量是巨大的，然而传媒力量的根本就在于语言艺术的运用。在教学之中，教师恰当运用语言艺术能够使大学生产生一种美感，是开发大学生非智力因素的重要动力。

（2）理论学习法

运用理论学习法要注意两点：一是学习的内容要与实际挂钩。必须坚持理论联系实际的原则，将所学的理论原理同社会实际及教育对象的思想实际结合起来。保持学习内容与教育对象的相关性，是保证理论学习效果的基本条件。二是形式要多样，富有吸引力。理论学习较之理论讲授难度更大，更加枯燥，要调动教育对象的学习积极性，形式就要多样化，既要继承过去的有效方法，又要不断结合实际创造出新的方式和方法。

（3）宣传教育法

宣传教育法的运用一定要恰到好处。首先，要有针对性。要针对党当前的工作中心和大学生的实际需要，即从党的工作中心要求开始，有针对性地回答大学生的思想认识问题，从实践的角度加深大学生思想认识的深刻性。其次，要有多样性。大众媒体的特点就是形式新颖，群众乐意接受。一定要从大众媒体的特点出发开发新的宣传教育形式，使用多种媒体的组合形成最佳的宣传效果。最后，要注意实事求是。实事求是是我们一切工作的根本出发点，无论是什么形式的教育活动，都始终不能忘记这一点核心要求。不能歪曲事实，虚假宣传，愚弄群众。

（4）理论培训法

首先，要有明确的培训目的。在理论培训的过程中，培训组织者要根据实际情况确定培训专题。这样做一方面可以强化学习氛围，另一方面能够使培训对象在学习之前具有良好的准备，自主地进行培训准备活动。

其次，要有重点清晰、要求明确的学习资料。在大学生群体之中运用理论培训法要根据大学生的学习特点，在学习资料的编写过程中要注意有清晰的思路和明确的要求。这样做可以通过理论资料推进大学生自行进行理论培训，通过学习资料进行自我教育。

最后，应适时对理论培训的效果进行评估。在进行理论培训的过程中应该适时地进行诊断性评价、形成性评价和终结性评价，及时了解培训对象掌握理论知识的广度和深度，对培训过程和培训科目进行一定程度的调整，保证理论培训的实际效果。评价的方式一般采用写研究报告、学术论文、学习体会以及口头报告。培训组织者应根据培训的实际情况实事求是地运用评价方式。

（四）互动式教学

互动式教学方法的运用，应立足高校思想政治理论课的特点，从现有方式和手段出发，不断深化高校思想政治教育互动式教学的应用，激发出互动对象的主体性，促进教与学的良性循环发展，以达到教学相长的互动效果。

1. 互动式教学步骤

高校思想政治理论课的教学过程可以分为三个阶段，即课前、课中和课后。在传统媒体环境中，师生在课前和课后的交流往往受到时间、空间等的限制，故而很难规模化地展开。借助科技的力量，师生之间时空的障碍在很大程度上已经得到解决，思想政治理论课教师与学生的互动不应再局限于课中阶段，贯穿教学始终的互动系统的建立是进一步激发思想政治理论课互动教学模式主体性的关键所在。

（1）课前阶段

思想政治理论课教师应当利用好新媒体，充分调动学生的自主性，将学生的需求融入教学设计之中。

其一，应当将思想政治组群纳入思想政治理论课互动教学的要素之中，引导思想政治理论课教师在整体课程开始之前或开展的初期建立 QQ 群、微信群或其他新媒体思想政治组群。一方面，这可以起到互动导向的作用，让学生意识到"课程马上要开始了"，感受到教师对课程和对学生的重视及尊重，从一开始就明确自己在课程中的主体地位；另一方面，这也起到了搭建互动桥梁的作用，为接下来的互动创设环境、奠定基础。

其二，应当对互动教学设计中学生的参与做出明确的要求。一方面，思想政治理论课教师应当就学生的学习需求、方法偏好等提前做出调查，广泛获取学生的建议，在坚持思想政治理论课教学总目标、总方向的基础上，将不同专业背景的学生的不同特点和不同需求纳入教学设计中,合理调整教学重难点和教学方法；另一方面，思想政治理论课教师应当及时告知学生本课程的教学大纲，着重指出哪些地方做出了调整，让学生感受到自己的意愿可以被接受，建议可以被采纳，同时，对于一些学生不太感兴趣但没有调整的地方，教师应做出解释，告知学生这么做的意义所在。在课前阶段展开互动，不仅能帮助教师更好地针对学生的特点展开教学，而且也能帮助学生认识课程的价值，从一开始就体会到互动式教学与传统教学方式的区别，在之后的教学中更好地发挥自主性。

（2）课中阶段

思想政治理论课教师要继续深化互动教学内容，让学生有所思、有所议。课中阶段一直以来都是思想政治理论课教师进行互动式教学的重点，因此，很多思想政治理论课教师已经总结出了许多宝贵的经验。但值得注意的是，无论是互动方式的选择还是互动方法的应用，都必须通过互动内容而展开。互动内容设定得太浅显，不仅不利于深度互动的展开，反而会消解学生的互动热情，把原本用来辅助互动的新媒体设备变成开小差的工具，影响课堂的教学秩序；互动内容选择得太晦涩，超出大多数学生的认知范围，则又会使学生产生无力感和挫败感，同样影响互动教学的效果。

（3）课后阶段

思想政治理论课教师应当做出表率，鼓励学生不断思考、持续学习。对于课后布置的作业，要形成良好的作业反馈互动机制。一方面，思想政治理论课教师要拿出更多的时间和耐心对学生的作业进行分析和点评，发挥出作业互动反哺课前设计和课中教学的价值和作用；另一方面，思想政治理论课教师要以作业互动为纽带，改变部分学生只重形式而不重效用、只关注作业分数而不关心作业本身的状况，引导学生养成发现问题、思考问题、订正问题并举一反三的学习习惯。

课前、课中、课后本就是一个紧密联系的系统，只有将互动贯穿其始终，才能最大限度地唤醒互动主体的思辨意识，调动互动主体的自主性，使整个互动式教学模式环环相扣，更好地服务于高校思想政治理论课，实现教学和育人的双重目标。

2.互动式教学模式的要素

互动式教学模式的实施过程就是要素之间相互作用的过程。要素是构成互动式教学模式的基础零件，充分阐释各个要素的内涵、功能及作用，明确各要素在互动式教学模式中所承担的工作和任务，对其本身作用的发挥以及实现各要素间的优化组合都有重要的意义。构成高校思想政治理论课互动式教学模式的要素，从思想政治教育的角度分析，分为互动主体、互动客体、互动介体和互动环体四大要素，还可以进一步细分为教育者要素、受教育者要素、内容要素、目标要素、方法要素和环境要素六部分。下面按照思想政治教育的分析方法对高校思想政治教育互动式教学模式要素进行阐释。

（1）互动主体

互动主体是互动式教学实践活动中的具体行为者，包括教育者和受教育者。教育者是互动式教育活动的承担者、发动者和实施者，既包括任课教师、辅导员、家长、导师等教育个体，也包括学校、学院、家庭、社会团体等教育群体，二者都以不同的途径和渠道向大学生传递着理想信念、道德观念等思想政治教育信息，在思想政治教育教学中发挥着重要的作用。教育者在互动式教学模式中的任务十分艰巨，教育者要根据大学生互动产生背后的社会需求与个人需求，找到"两需求"的结合点，并获得其他教育主体的支持，再基于大学生的思想行为现状，设置教育目标，制定教育计划，寻找教育方法，组织教育活动，调整教育方案，最后反馈总结经验。教育者要充分调动大学生的积极性和主动性，把大学生吸引到互动关系中，使互动双方成为相互依赖的关系体，更好地发挥教育者主导性和受教育者主体性的作用，实现二者的辩证统一。

受教育者能够对教育者的互动行为做出积极回应，也能够将教育信息自觉地内化与外化，适当地改变自己已有的态度、观点和思想，调整自己的行为，并且也能使教育者在互动过程中根据教育者的思想和行为，适时做出调整和改善。总之，大学生自愿接受思想政治理论课的信息内容，自觉地参与到思想政治理论课教学活动的过程中，这才是其作为受教育者主体性的最根本的证明。

（2）互动客体

高校思想政治教育互动式教学需要发挥互动客体的作用。互动客体是与思想政治教育互动主体相对而存在的，是互动的承受者。其界限取决于他们处于何种思想政治教育互动关系之中，既是不确定的又是确定的。互动的客体要素是不确定的，它是指教育者和受教育者在教育活动中达成的共识和内化的思想政治教育内容、教育目标，教育者与受教育者都是在认知教育内容和教育目标的基础上进行相互作用和相互影响的。但其教育内容的量和达成教育目标的度是无法具体计量的。此外，只有受教育者在整个教育过程中形成新的认识、思想和观念，并且能够将形成的认识、思想和观念运用于实践，才能真正地成为互动的客体，生成客体性。但受教育者形成多少新的认识、思想和观念又是不确定的，又有多少运用于实践更是无法衡量的。

互动的客体要素是确定的，互动客体就是指高校大学生群体。高校大学生要提高自身的互动意识，根据自身的需求自觉地选择和接受思想政治教育，而且能够认同思想政治教育目的、教育内容的价值。学生在理解和接受思想政治教育目的和教育内容后，就更容易与教育者达成共识，满足其个体的需要和社会的要求，体现其社会价值。学生积极主动地参与到互动关系中，实现对思想政治教育的认同也就实现了学生个人利益和社会利益的辩证统一。所谓一个巴掌拍不响，互动是"两个巴掌一拍即合"的事。

（3）互动介体

高校思想政治理论课互动式教学模式的构建离不开互动介体。互动的介体要素是互动主客体之间发生相互作用的媒介，主要是指思想政治教育的目标、内容和方式。互动主客体间通过互动介体才能进行有效的连接、控制与反馈。思想政治教育的介体是思想政治教育主体与思想政治教育客体相互联系、相互作用的中介因素。

互动介体主要包括教育目标、教育内容、教育方式三部分。教育目标是思想政治教育的出发点和归宿，贯穿教育活动的全程，是实现高校思想政治教育互动式教学良性运行和大学生素质、能力全面发展的指南针。选择正确的教育内容，采用合适的教育方法，得到准确的教育反馈，评估公正的教育效果，都需要教育目标的指导。教育目标是动态的、多维的、可控的综合性体系，是阶段目标和结果目标的辩证统一，每一阶段目标的实现都是以结果目标的现实为最终目的。

教育内容是思想政治教育的核心，是连接高校思想政治教育活动中教育主体与客体的纽带，是主客体互动过程的"血液"，是达成教育目标的重要保证。教育内容既要符合人的思想品德的形成发展规律，符合社会的发展规律以及思想政治教育的规律，又要符合时代要求、社会需求以及个人诉求。教育内容要体现出互动性、层次性和动态性等特点，促进各要素之间的互动。

教育方式是主体对教育客体实施教育的手段，是实现教育目标的保证，是教育内容的"搬运工"，是将教育过程中各环节、各要素相互联结起来的纽带。选择哪种思想政治教育方法是由思想政治教育的目的和任务，以及人们思想形成发展规律和思想政治教育规律所决定的。

教育方式要体现多样性、科学性、艺术性等特点，既可以采用榜样示范、环境熏染、讲座座谈、社会锻炼等具体方法，又要充分利用网络、寝室、操场、花园、家庭、红色教育基地等平台。目前已经有一套较完善的思想政治教育方式方法，包括寓教于乐法、说服教育法、典型教育法、感染教育法等十几种方法。

（4）互动环体

互动的环体要素是指思想政治教育互动所处的环境因素，是影响学生思想政治品德形成发展和开展思想政治教育活动的一切外部因素的总和。在高校思想政治理论课互动式教学中需要营造养好的环境氛围，实现"小环境"与"大环境"的有机融合。环境能影响人，人也能创造环境，马克思和恩格斯指出"人创造环境，同样环境也创造人"。这里的人创造环境指的就是"小环境"，是指思想政治教育者依据一定的教育目的，采用一定的教育手段，根据大学生思想政治形成发展规律和思想政治教育的规律，有目的、有计划、有秩序地精心加工和改造的环境。这是思想政治教育者为思想政治教育活动而开创的具体的教育环境，如学校环境、家庭环境和主观环境等。

"大环境"是指在思想政治教育系统之外，未经思想政治教育者加工和改造的，不受思想教育活动所控制的，但又能对整个思想政治教育互动教学模式产生影响的环境。"大环境"是个极为广泛复杂的环境，具有自发性和无序性的特点，如社会环境、自然环境和网络环境等。我们要积极利用"大环境"的有利影响，减轻它的消极影响，使之与小环境协调配合起来，促使受教育者积极向思想政治教育教育目标前进。

环境和思想政治教育共同作用于教育对象时，会出现两种截然不同的结果：同性同向强化和异性异向消解。因此，为了提升思想政治理论课的互动效果，必须有规律、有计划地改造或创设一定的教育环境。"小环境"的创设和"大环境"的利用都要有利于受教育者，形成主客体间良好的互动对话，最终形成最大的教育合力。把高校思想政治教育的意义施加在教育环境上进行有效构建，才会更容易让学生接受教育内容。以理解为基础的相对应的交往背景，就更有利于思想政治教育主体间进行互动，形成教育力量的同向合力。

3.高校思想政治理论课互动式教学的意义

（1）师生全员参与以巩固主体地位

对于高校思想政治理论课互动式教学来说，无论是教师还是学生，都应当树立个体概念而不是群体概念，概括地说，即互动必须落实到每一个个体身上，才能满足整个模式对全员参与的定位。因此，新媒体环境下的高校思想政治理论课互动式教学，不仅要关注师生互动，而且要关注生生互动，甚至师师互动。只有健全师生全员参与的互动方式，群体的主体性才能转化为个体的主体性，高校思想政治理论课互动式教学的价值才能得到最大程度的发挥。

①继续拓展师生互动的广度和深度。师生互动有两种形式：一种是一对多互动，由于师资等的影响，高校思想政治理论课往往采用大班教学的模式，思想政治理论课教师大多时候只能以一对多的形式与学生展开互动，这样的互动辐射范围比较大，但实际上往往只能激起极少数学生进行思考，整个班级中蒙混过关者不在少数；另一种是一对一互动，一些思想政治理论课教师有针对性地挑选学生回答问题或个别学生主动向思想政治理论课教师提出问题，促成了师生间的一对一互动，这样的互动一般来说比较深入，但其辐射范围往往与深入程度成反比，

教师很难和每个学生都进行一对一互动，即使利用新媒体学习平台，教师可以让全班学生同时进行一对一的作答，但轮到教师点评或回应时又会出现分身乏术的状况。

两种方式各有利弊，思想政治理论课教师应当尝试取长补短，将两种方式有机结合。一方面，可以创新原先的一对多互动形式，把学生分成多个小组，通过与小组的一对一互动，尽可能地将一对多往一对一的方向转变，引导更多的学生参与互动；另一方面，当利用在线学习平台与全体学生进行一对一互动时，可以在点评和回应时有准备、有针对性地选出典型的回答与全体学生分享，在保证一对一互动范围的同时尽可能地提升互动的深度。

②深刻挖掘生生互动和师师互动的价值。就生生互动而言，学生和学生无论是年龄阶段还是身心特点都有许多相似之处，他们之间的互动更容易激发知识和情感的共鸣。并且，良性竞争意识和团队合作精神也有赖于生生互动的情境才能转化和形成。因此，思想政治理论课教师要利用好生生互动的方式，对于具有一定难度的互动内容，鼓励学生组成小组展开探究，对涉及PPT制作、视频剪辑等较为多元的作业，要引导学生发挥所长、分工合作。

就师师互动来说，以往的互动式教学模式很少关注师师互动，但教师与教师之间互动的作用着实不能小觑。一方面，思想政治理论课教师与思想政治理论课教师间的经验分享和问题探讨有助于思想政治理论课互动式教学模式的不断优化和发展；另一方面，思想政治理论课教师与其他学科教师间的互动可以促使思想政治理论课变得多元立体，与辅导员交流可以帮进一步了解学生生活中的特点，更有针对性地展开互动教学。因此，应当高度重视师师互动，全力发挥其在高校思想政治理论课互动式模式中的功效和作用。

（2）认知情感结合以激发主体动能

高校思想政治理论课互动式教学，需要关注知识、能力、情感、态度和价值观等多重维度，基于此，具体互动方法的选择至关重要。

一方面，互动方法要符合认知要求，即要满足学生知识获取和能力提升的需求。思想政治理论课教师要不断推进对问题式互动和案例式互动的研究与运用。在问题式互动开展的过程中，思想政治理论课教师，第一要保证问题设计的科学性，即问题必须从课程内容出发，体现课程的性质及目标；第二要尽量从学生的实际能力出发，范围不能过宽，内容不能太杂，要循序渐进地引导学生掌握课程的核心内容。案例式互动首先要求思想政治理论课教师要选择合适的案例，案例既要符合课程要求也要迎合学生兴趣，还要具有一定的代表性，例如，在讲刑法时，由于课程内容比较生硬且有一定的难度，思想政治理论课教师可以将舆论比较关注的"反杀案"引入教学中，让学生通过案例分析进一步理解课程内容。其次教师要合理利用新媒体呈现案例，在吸引学生注意力的同时适当给予指导，防止学生得出相悖的答案。最后教师要做好归纳与总结，及时做出点评，帮助学生认识自己的优势与不足，促进学生对课程的消化与理解。

另一方面，互动方法要符合情感要求，即要满足学生情感、态度和价值观塑造的要求。思想政治理论课教师要创新拓展主题式互动和实践式互动的研究与运用。主题式互动，指思想政治理论课教师在进行教学互动时，根据教学内容抛出一个主题，让学生围绕主题收集资料并发表看法，在这个过程中实现学生认知和情感的共鸣。主题式互动重在创设情境，思想政治理论课教师要鼓励学生利用新媒体设备，集文字、图片、音频、视频等于一体，将理论知识与主题情感融于一体。例如，在"中国近现代史纲要"课程中，教师可以设定具体的主题，让学生结合教材收集资料，以课堂展示的形式轮流来讲，并结合学生互评、教师点评等环节，让学生沉浸其中，感受仁人志士的爱国情怀和美好生活的来之不易。而实践式互动则是指思想政治理论课教师根据课程教学的具体要求，有组织、有计划、有目的地带领和引导学生适当地进行各种校内外的社会实践互动活动，让学生设身处地亲身体会，践行课本上所教授的知识，进一步树立正确的价值观。

当前的互动式教学往往重第一课堂而轻第二课堂，因此社会和学校都要充分重视实践式互动。一方面，社会和高校要加强合作，为思想政治理论课实践式互动提供必要的制度安排、经费支持和后勤保障，为其开辟如博物馆、档案馆、烈士陵园、历史遗迹等专门的活动场所；另一方面，思想政治理论课教师要利用好实践互动的平台，不能把实践搞成走马观花，要有意识地给学生布置相应的实践学习任务，引导学生带着问题参与实践，而在实践结束后，思想政治理论课教师也要关注学生的感悟与心得，引导学生及时进行总结与升华。

（五）文化熏陶教育法

1. 文化熏陶教育法的含义

文化熏陶教育方法即隐性思想政治教育，是指教育者隐藏教育目的和主题，按照预定的教育计划和方案，将教育内容渗透到环境、文化、娱乐、服务、制度、管理等日常工作、学习和生活中，使教育对象在不知不觉中受到熏陶的一种思想政治教育方法。

文化熏陶教育方法是与显性教育法相区别的教育方法。与其他教育法相比，它一方面将教育内容和要求向教育对象的社会生活和日常生活中渗透，给教育制造更加广阔的空间，丰富教育形式，使其更生动完善；另一方面充分尊重受教育者的主体地位，使受教育者更加积极主动地参与到教育活动之中，使受教育者在教育活动之中充分提升自我，实现思想政治教育在知、情、意、行上的全方面覆盖。

2. 文化熏陶教育法的要求

任何思想政治教育方法都有其特定的使用条件、范围和要求，教育者在教育过程中必须从实际出发加以运用。运用文化熏陶教育方法的基本要求如下。

（1）要坚持文化熏陶教育与显性教育的有机结合

在高校思想政治教育实施方法体系中，文化熏陶教育法与显性教育法是相互依存的两个方面，显性教育是文化熏陶教育的重要依托，文化熏陶教育是显性教育的必要补充。文化熏陶教育与显性教育各有利弊，在对学生的日常教育活动中应该将二者结合起来。以显性教育做知识的引导，以文化熏陶教育做知识的陶冶，使学生既接受知识又能够把知识纳入正常的生活习惯之中去。总之，显性教育或者文化熏陶教育在高校思想政治教育的过程中是缺一不可的。

（2）对文化熏陶教育过程进行精心组织、策划和引导

教育者应该积极主动地对文化熏陶教育的内容进行策划，像对待显性教育一样认真对待。对于学生来说，文化熏陶教育的目的和活动可以是未经安排的不明显的，但是，对于教师来讲，任何一种教育措施或者是教育活动都应该经过精心的策划和安排。教育者应该明确文化熏陶教育并不是一种放任自流、任其发展的教育，而是在教育者积极主动地组织、策划、引导下发挥教育内容具体作用的一种教育。在文化熏陶教育之中，教育者可以隐藏在教育活动的幕后，但是这并不意味着教育者可以对这种教育活动不负责任，教育者要做到积极关心学生就必须要担负起自身作为教育者应有的责任。同时，由于文化熏陶教育的隐蔽性，教育者对教育对象的引导和控制就更加困难，不可能像显性教育那样亮明自己的意图，指出教育对象的错误，但又不能任其发展，这就需要教育者时刻关注事态的发展趋势，及时把握教育对象的内心活动，取得教育对象的充分信任，寻找机会对教育对象进行引导。只有如此，才能充分发挥隐性思想政治教育的良好效果。

（3）要注意精心选择文化熏陶教育的载体

教育载体是进行文化熏陶教育的一个重要辅助。由于文化熏陶教育的特点，

在实际实施的过程中，教育者必须考虑到这些实际情况，选择有意义和对受教育者有实际影响的文化熏陶教育载体。

因此，教育者在选择文化熏陶教育载体的过程中，必须考虑到以下两个因素：其一，所选载体应具有实际教育意义。只有能被教育者按教育目的加以设定的、有着丰富教育意义的事物和氛围，才能成为文化熏陶教育的载体。其二，在选择和设置教育载体的时候，要充分考虑教育对象的年龄、性别、职业和性格等差异，要根据这些差异精心选择载体、构筑环境、创造氛围，以提高隐性教育的实效。

（4）注意文化熏陶教育过程的长期性

由于教育者在使用文化熏陶教育法时所采用的办法，即以诱导、感染、熏陶等方式对受教育者展开教学，因此文化熏陶教育往往难以获得即时的效果，通常要等待一段较长的时间。因此，要强化文化熏陶教育的效果，必须注重文化熏陶教育的长期性、系列性和整体性，从长远的角度看待文化熏陶教育的实际效果。因此，在文化熏陶教育的过程中，教育者切勿急躁，一定要持之以恒，始终长期地坚持隐性教育在思想政治教育之中的具体地位，把隐性的思想政治教育看作一项长期事业。

（六）疏导教育法

1. 疏导教育法的基本内涵

开通壅塞的水道，使水流畅通，是"疏导"一词的释义。疏导教育法是由"疏"（疏通）和"导"（主要是引导）两个步骤构成的。高校思想政治教育中的疏通是指广开言路、集思广益，让大家敞开思想，充分表达各自的观点和意见。导，即引导、开导，是指在思想政治教育中循循善诱，说服教育，对各种不同的思想与言论进行引导，让其走上正确并且健康的轨道。

通过以上的概念我们可以看出，要准确把握疏导教育法的基本内涵要从如下层面入手。

①重视"疏"的作用，疏导教育法是建立在教育双方地位平等、互相交流的基础上的，即充分发挥教育对象的自觉主动性，让教育对象讲出心中所想，教育者再根据教育对象具体的问题进行引导，是一种教育主体与教育客体思想、情感互相交流的方法。

②要重视"导"的作用，在教育过程中教育者要发挥主导作用，对教育对象所表达的正确思想观念予以肯定，对于不当和错误的言行进行说服教育，弘扬和宣传正确的思想。

③疏导教育法是一种解决人民内部矛盾的方法，应当本着"惩前毖后、治病救人"的原则进行，所以其在运用的过程中主要采取说服教育、真情感化、批评教育和循循善诱等方法。

由此可见，疏导教育法是由相互联系、相互依存的"疏"和"导"两个方面构成的。没有疏通环节的畅所欲言、广开言路，引导就无法顺利开展；没有引导环节的说服教育，疏通也就失去了意义和价值。

2.疏导教育法的主要方式

疏导教育法是由"疏通"和"引导"两个方面构成的方法体系，"疏通"和"引导"都有其不同的方式。从"疏通"的角度来讲，有集体表达和个别谈话两类方式。集体表达是指针对群体性的问题让一定数量或特定组织的群众发表意见或看法，主要有民主讨论、干群对话等形式；个别谈话是指针对某个人的问题让个人充分表达自己的思想和意见，主要有书信表述、个别谈话等形式。从"引导"的角度来讲，以"导"的不同形式为依据能够把疏导教育法分为以下三种。

（1）分导

分导即分而导之，是指针对某个群体或个人复杂的思想问题而采取的分散、分步、分头而导的方式。分散而导是针对某个群体共同存在的思想问题，通过逐个分散引导，对群体中每个成员在思想上存在的问题加以解决，以切断群体内的不良思想的串联蔓延，从而将复杂的群体问题化整为零、逐个击破，最终解决群体问题的方法。分步而导是针对个体思想问题而言的，导致个人错误行为的思想是多方面的，教育者要分清主次、分清轻重缓急，要抓住主要矛盾的主要方面，充分挖掘教育对象问题产生的根源，按照一定的顺序有步骤地进行解决。分头而导是指教育者集中各种人力物力，对集中而严重的思想问题进行全方位的引导的方法，要整合各种教育资源、利用有利环境对教育对象进行帮助教育。

（2）利导

利导即因势而导，指教育者要善于抓住有利的时机和环境，对教育对象进行有针对性的、深层次的教育，通过及时、生动地教育使教育对象真正理解并接受正确、积极的思想。有利的时机可以是正在发生的大事，如2019年新中国成立70周年时，可以组织学生集体收看阅兵式，使大学生对我国强大的军队和国防力量有直观了解，感受到伟大祖国的强大，深刻体会新中国成立以来党带领全国各族人民进行社会主义现代化建设取得的伟大成就，从而使学生自觉产生爱党爱国的热情，达到教育的目的。教育者也可以抓住某些重大的事件和节日组织开展相关教育活动，如在学雷锋活动月开展的各类志愿服务活动，组织大学生通过志愿服务的实践，深刻体会到奉献社会、助人为乐的价值，从而引导青年学生积极践行雷锋精神，内化为自身的品德、外化为良好的行为，推动教育对象"知、情、信、意、行"的转化，最终形成良好的思想品德。

（3）引导

引导即启发诱导，指教育者运用"提出问题—分析问题—展开讨论—统一思想"的思路，引导教育对象积极运用头脑进行思考，并通过思想碰撞和比较分析使教育对象学会透过表面现象探究事物内在的必然的联系；通过对事件正反两方面的解析使受教育者学会用全面的观点来看问题，能够在面对诱惑时保持谨慎，面对挫折时勇往直前；开导教育对象，使其改变原来狭隘短浅的认识，学会在看待问题的时候使用全面的、发展的、联系的观点，开阔教育对象的视野并拓展其思维；用已知的事实作为依据，使教育对象认识到不良思想导致的严重后果，以达到使其放弃原有的错误想法、从而走向正确思想轨道的目的。

3. 疏导教育法的基本特征

（1）民主氛围浓厚

疏导教育法区别于其他思想政治教育工作方法的最突出特点就是民主氛围浓厚。疏导教育法强调"民主"与"平等"。民主即教育双方可以在民主的基础上进行对话和交流，教育者鼓励受教育者表达心中诉求，为受教育者答疑解惑，并最终达成共识。平等则是指教育双方在地位上是平等的，二者没有高低贵贱之分，教育者不能再采取过去居高临下、强行灌输的教育方式，而是要充分考虑受教育者的意愿，在民主的氛围中促进双方共同进步；教育双方在权力上也是平等的，受教育者也享有充分的言语权，受教育者可以指出教育者在教育过程中存在的问题，提出自己的观点和建议，教育者既要帮助受教育者改正自己的不足，又要善于鼓励受教育者。因此，疏导教育是在民主、平等的氛围中开展的对受教育者的思想教育，容易被受教育者接受。

（2）强调主体间性

主体间性是两个或两个以上主体的内在相关性，它的基础是个人的主体性。疏导教育法的主体间性体现在教育主客体之间是相互影响、相互转换的关系。教育对象的主体性体现为可以充分平等地表达自己的意愿和问题，并对教育者的理论有辩论和选择的权利。教育者的主体性体现在对教育活动的组织和设计上，以及对教育对象正确思想的弘扬和错误思想的纠正过程中；教育主客体之间的互相转换体现在教育双方是一种交融性的存在，是一种"主体—主体"的思维模式，即一种教学相长的和谐状态。

（3）注重人文关怀

注重人文关怀是疏导教育法的情感延伸，也是疏导教育法有效性的重要基础。疏导教育法要求教育者认真倾听受教育者的思想和意见，当然也包括情感层面的问题，并且要求教育者将情感内容作为核心话题与受教育者进行交流探讨，在帮助受教育者的过程中不仅要进行理性内容的灌输，更重要的是进行情感问题的疏通，只有疏通了情感，才能使受教育者以良好的风貌和积极的心态来接受正确的思想。教育者要真正将受教育者当作自己的家人和朋友，真正地关心他们，关注他们的实际问题，关注他们的发展。疏导教育法要求教育者肯定人的个性与价值，尊重并关心受教育者选择的权利，维护并支持受教育者的个性发展。

（4）突出针对性

人是自然进化的结果，更是社会劳动的产物。德国古典哲学家格奥尔格·威廉·弗里德里希·黑格尔（Georg William Friedrich Hegel）说："人要有现实的客观存在，就必须在一个周围的世界，正如神像不能没有一座庙宇来安顿一样。"人在社会中生活，难免会受到各种因素的影响，每个人的工作、生活、学习环境不同，性格、心理、观念等主观因素也就不尽相同，这就要求教育者在教育工作中必须充分把握受教育者的实际情况，做到具体问题具体分析，针对不同教育者采取不同的、更具针对性的方式、方法，增强教育效果。

进行疏导教育，要求教育者充分了解受教育者的思想状况，针对不同问题、不同心理，采取有针对性的措施，使之回归到正确的思想轨道上来。教育者可以根据受教育者的性格特点采取不同的措施，对于性格直率的人，可以采取直接沟通的方式，明确指出其存在的问题，给出改正的方法；对于性格内向的人，则要采取循循善诱的方式，把握适度原则，委婉含蓄地帮助受教育者意识到自身的问题，并使其乐于接受教育者给出的建议。因此，疏导教育具有强烈的针对性，教育者所传递出的信息绝不是盲目的，而是有目的、有意识、有方向的。

4.运用疏导教育法的必要性

从疏导教育法的定义出发，就会发现其与一般的思想政治教育方法最大的不同在于疏导教育法强调对学生的分导、利导与引导，这是强调师生思想互动与交流碰撞的过程，而绝非是一种单方面、单向的灌输。这种方法是符合学生及社会发展的需要的。

①疏导教育法重视民主平等，符合师生关系的内核。民主平等指的是在教育过程中，双方的地位是平等的，双方都能够平等地表达自己的想法，并对这些想法进行充分的交流与互动，同时对于某一特定的问题，双方都必须发表见解，而不是教师占绝对的主导地位。在高校以人为本、立德树人的教育背景之下，疏导教育法的这一点恰恰契合了当今学校想要构建的一种师生关系，即给学生充分的权利去表达自身的思想情感，摒弃了教育者居高临下灌输的这种做法。

②疏导教育法强调针对不同的学生采取不同的教育方法，为解决教育对象的实际问题提供帮助，这种方法的针对性更强并且能够发挥更大的作用。疏导教育法要求教育者必须认真倾听教育对象思想上的问题与困惑，并且在此基础上对问题进行总结梳理，帮助学生完成自身的成长。整个过程都十分注重教育对象自身的看法与感受。在教育中，每一个个体都是与众不同的，只有对学生本身个性有充分的了解，才可以为学生在思想方面存在的困惑提供帮助，并且与教育的基本规律相符合，也能够更高效、更有针对性地对学生进行教育。

③疏导教育法在高校中有很大的适用性。疏导教育法是随着我党的思想教育的创立而产生的。可以说，疏导教育法与思想政治教育是相辅相成的。疏导教育法对正处于思想价值观形成关键期的大学生来说，具有很好的适用性，因此在高校当中运用得非常广泛。思想教育工作者常常在不知不觉中使用疏导教育法对学生进行劝导，无论是专业课还是思想政治教育课，教师一般会在与学生进行交流的时候疏导整理学生的思想，与学生进行交流沟通。但这大部分都是在一种无意识的自主情况下进行的，缺乏具体的训练，所以常常导致很多问题。

5.发展疏导教育法的措施

（1）营造民主的制度氛围

随着我国社会主义制度的不断完善和社会经济的不断发展，我国传统的等级观念逐步被打破，在客观上也为教师与学生以平等的身份参与疏导教育提供了有利的条件。要营造民主的制度氛围应该做到以下两点。

①教师在面对教育对象的时候，应该始终保持平等的态度，尊重他们的权益，让学生自我教育的积极作用得到充分发挥，让学生能够更加积极主动地接受教育。在平等民主的氛围下，学生充分表达自己的思想问题，提出自己的困惑，教师才能更好地解决学生的问题。学生应将所学习到的思想、观念、规范纳入自己的意识体系，使其成为自己意识体系的有机组成部分。

②在教师与学生之间建立平等对话、双向沟通的机制，例如，建立网站，教

师轮班在线，当学生遇到问题的时候，不管是什么时候或者处在什么地点都能与教师进行交流；设立学院短信提醒服务，每周给学生发送温馨的提示，关心学生的生活与学习；公开书记和校长的邮箱，让学生可以畅谈自己遇到的问题。通过这些机制，教师可以清楚、完整地了解到学生的问题所在，把学生的错误思想拉到正轨上。平等机制的建立需要教师和学生的合作，所以我们要激发学生的积极性，让教师与学生共同探索营造民主氛围的方法，这样也更符合学生的心意，更容易被学生接受。此外，还要鼓励和支持学生有组织、合理地表达诉求。疏导就是要广开言路、集思广益，必须创造条件，让学生把各种意见讲出来。

（2）创新疏导教育法的方式和载体

教育者需要对自己在实践中形成的疏导教育方式进行及时的总结，提高对疏导教育法的理解，有效地运用疏导教育法。教育者可以加强疏导教育知识和心理学知识的结合，了解高校学生的心理特点，从而跟学生进行更加有效的交流。教育者可以用马克思主义理论教育，使学生形成高尚的思想道德情操、积极乐观的态度、革命探索的精神。教育者可以加强网络技术的运用，从而扩大疏导教育的应用平台，拓宽疏导教育法的应用范围。随着社会经济的发展，传统的书信、面谈在教育中的作用越来越小，学生也不愿意接触这些，教育者应该在疏导教育法中加强对新科技的应用，包括建立局域网络、开通教师问答专线、手机短信温馨提醒等新科技手段。

（3）创造良好的人力、物力条件

疏导教育法的顺利开展需要一定的物质基础，学校要为疏导教育法的开展提供良好的场所、为思想政治教育提供合理的课程安排、为思想政治教育课提供新兴的技术和设备。首先，学校需要为疏导教育法的运用提供固定的场所和固定的时间，方便师生间的交流。其次，学校需要为疏导教育法的运用安排相应的课程。每一个方法都有自己的理论知识，有自己的专门概念、范畴和术语，因此教育者在操作之前需要对理论进行学习，了解疏导教育法的概念、表现方式、形成原因等。在对基本的疏导教育法有了了解后，教育者应更加深入地研究疏导教育理论，组成课题小组，在这个前提下，加以实践，从而推进疏导教育的发展。学校要为疏导教育法的运用提供新的技术和设备。如今，几乎没有学生不接触电视、网络，与各种传播媒介"为伴"已经成为学生生活与学习的不可缺少的一种方式。学校要利用现代学生的这种特点，顺应学生的爱好，在学生的习惯中贯彻疏导教育。

第二节　高校思想政治教育的主要内容

一、思想教育

（一）科学世界观教育

世界观是人们对世界的根本看法和观点体系，不同阶级具有不同的世界观。无产阶级的世界观也称作共产主义的世界观、共产主义的宇宙观。马克思主义基本原理是迄今为止最科学、先进的世界观、方法论，它分为两个部分，一是辩证唯物主义，二是历史唯物主义。这一科学的世界观就是思想政治教育的首要的内容。

《中华人民共和国宪法》第24条规定：在人民中进行辩证唯物主义和历史唯物主义的教育，反对资本主义的、封建主义的和其他腐朽思想。这是对合格公民的一项基本要求。否则，全国人民就没有共同的语言和逻辑，也就不能真正做到团结一心。科学世界观教育的内容有以下两个方面。

①辩证唯物主义。马克思主义哲学在科学实践的基础上实现了唯物主义与辩证法的有机统一。马克思主义的唯物主义是辩证的唯物主义，马克思主义的辩证法是唯物主义的辩证法。这种既唯物又辩证的科学世界观，不仅回答了世界本质是什么的问题，而且也回答了世界状况怎么样的问题。

辩证唯物主义的基本观点：物质第一性，意识第二性，意识对物质具有反作用；物质世界是普遍联系的、永恒发展运动着的；对立统一规律是宇宙的根本规律，事物的发展是质量互变和否定之否定；辩证唯物主义的显著特点是它的实践性。

马克思主义的认识论坚持从物质到感觉和思想的认识路线。认识的发展过程是从感性认识到理性认识，又从理性认识到改造客观世界。一种正确的认识往往经过多次的反复实践才能形成。在这个过程中，实践是检验真理的唯一标准。马克思主义的认识论是党的实事求是思想路线的理论基础。

②历史唯物主义。历史唯物主义是马克思的一大发明，是观察一切社会现象的科学武器，它揭示关于人类社会发展的总规律，是辩证唯物主义原理在社会生活和社会历史领域的贯彻和运用。同时，它又是支撑科学理想信念的支柱。历史

唯物主义也是思想政治教育的最基本的理论基础，一个理论工作者的理论功底主要体现在对历史唯物主义的掌握程度上。

历史唯物主义的基本观点：人类社会是物质世界长期发展的结果；物质资料的生产活动是人类社会赖以存在的前提和基础；社会历史有自身的发展规律，是一个自然历史过程；劳动的发展史是解开人类社会发展史的一把钥匙；社会基本矛盾是生产力与生产关系、经济基础与上层建筑的矛盾，这两对矛盾是社会发展的最终根源和动力，在阶级社会里，社会基本矛盾表现为阶级矛盾和阶级斗争；社会存在决定社会意识，社会意识反作用于社会存在；人民群众是历史的创造者。

学习辩证唯物主义和历史唯物主义具有重要的意义：帮助人们一切从实际出发，而不是从主观愿望出发；指导人们树立普遍联系的、发展的、适度的观点，克服孤立的、静止的、极端主义的观点；掌握观察一切社会现象的钥匙。

人生观是世界观的一个重要组成部分，受到世界观的制约，人生观主要是通过人生目的、人生态度和人生价值三个方面体现出来的。我国的大学生人生观教育是指共产主义人生观教育，它是无产阶级的、科学的人生观，它把人的生命活动历程看作认识和改造客观世界的过程，把消灭资本主义、实现共产主义、为绝大多数人谋福利看作人生的崇高目的和最大幸福。无产阶级人生观的特点是集体主义，一切为了无产阶级和人民群众的利益，把大公无私、舍己为人、全心全意为人民服务视为人生的根本意义和价值，把实现社会主义和共产主义理想视为人生最高的目标。价值观是指个人对客观事物（包括人、物、事）及对自己的行为结果的意义、作用、效果和重要性的总体评价，是对什么是好的、应该的总看法，是推动并指引一个人做出决定和行动的原则、标准，它使人的行为带有稳定的倾向性。

价值观是人用于区别好坏、分辨是非及其重要性的心理倾向体系。我国大学生价值观教育是指社会主义核心价值观教育，它与社会主义制度相适应，以为人民服务为核心，以集体主义为原则，大力倡导集体主义和对国家、对人民的奉献精神。人生的价值和意义在于对社会所尽的责任和所做的贡献，人生的最大价值和意义在于努力为人民服务，无私地把自己的一切精力贡献给共产主义事业，注重对当代大学生的集体主义与团队精神教育、学风校风教育。当前大学生应重点学习和践行"富强、民主、文明、和谐、自由、平等、公正、法治、爱国、敬业、诚信、友善"的社会主义核心价值观，树立尊重自然、顺应自然、保护自然的生态文明理念。

（二）毛泽东思想和中国特色社会主义理论体系

中国共产党从成立之初就重视思想政治教育，也特别重视学校思想政治教育，并走过了党的思想政治教育学科从无到有的发展过程。

以毛泽东同志为主要代表的中国共产党人，自觉运用马克思主义立场观点方法深刻分析中国社会的性质和特征，正确剖析中国社会各阶级的状况、关系及其在中国社会中的地位，科学把握中国革命的规律和特点，逐步形成了指导中国革命的正确路线、方针、政策和战略、策略，建立了中华人民共和国，取得了新民主主义革命的伟大胜利。中华人民共和国成立以后，党不失时机地制定了社会主义过渡时期的总路线，成功地进行了社会主义革命，完成了社会主义改造，建立了社会主义制度，取得了先进行新民主主义革命，再不间断地进行社会主义革命分"两步走"的中国革命伟大胜利。在社会主义建设时期，毛泽东身体力行，领导全党进行了社会主义建设的艰辛探索，取得了伟大成就。十一届三中全会以后，中国进入了改革开放和社会主义现代化建设新时期。全党紧紧围绕改革开放和社会主义现代化建设的实际，以巨大的政治勇气和理论勇气，开辟了中国特色社会主义伟大事业，成功地走出了中国特色社会主义道路。

历经百余年的风雨磨砺和探索发展，中国共产党在思想政治教育上积累了经验，为加强与改进新时代学校思想政治教育提供了丰富资源。

（三）习近平新时代中国特色社会主义思想

"为学生一生成长奠定科学的思想基础"是习近平总书记在全国高校思想政治工作会议上提出的要求，明确了高校思想政治工作的目标任务，从全局高度为新形势下全面推进高校思想政治工作指明了行动方向。为学生一生成长奠定科学的思想基础，就是用马克思主义科学理论武装人，就是以马克思主义科学理论教育大学生、帮助大学生，使大学生深入理解马克思列宁主义、毛泽东思想和中国特色社会主义理论体系，学会运用马克思主义的立场、观点和方法分析解决问题，坚持以"四个自信"为精神力量，坚定马克思主义理想信念。习近平总书记在全国高校思想政治工作会议上强调，要教育引导学生正确认识世界和中国发展大势，正确认识中国特色和国际比较，正确认识时代责任和历史使命，正确认识远大抱负和脚踏实地。这为大学生实现中国梦、青春梦指明了方向。

大学生是国家宝贵的人才资源，是党的新鲜血液的重要来源。习近平总书记在中国人民大学考察调研时强调："要坚持党的领导，坚持马克思主义指导地位，坚持为党和人民事业服务，落实立德树人根本任务，传承红色基因，扎根中国大地办大学，走出一条建设中国特色、世界一流大学的新路。"习近平总书记的重要讲话，精辟阐述了实现中华民族复兴历史伟业赋予高校的战略使命，为推动高等教育更好服务国家战略提供了根本遵循，为在新时代新征程上建设中国特色世界一流大学、开创高等教育事业发展新局面指明了前进方向。

习近平新时代中国特色社会主义思想是实现中华民族伟大复兴的行动指南。高校肩负着让习近平新时代中国特色社会主义思想在大学生中"走心"和"践行"的崇高使命。提升大学生学习先进创新理论的积极性、主动性和自觉性，是当前一项重要工作。高校必须努力提升铸魂育人实效，善用各种手段，强化主渠道作用，同时利用社会大课堂，打造网络云课堂，深化思想政治课程、课程思想政治全课堂，扎实、深入推进习近平新时代中国特色社会主义思想教育课程入脑入心、落地生根。

二、道德教育

道德教育旨在通过对大学生进行有组织、有计划和有目的的道德训练，使大学生形成符合我国社会要求的优秀道德品质，成为有道德的社会主义建设者和接班人。道德教育的内容是由一定的社会经济基础所决定的，并为一定的社会经济基础服务。社会主义道德是对以社会主义公有制为主体的经济基础的反映，是以马克思主义为指导的，是由无产阶级培养的代表广大人民群众根本利益的道德体系。现阶段，道德教育内容的重点是培养大学生与社会主义市场经济建设相适应的道德观念。道德教育是思想政治教育的基础。道德教育虽然在性质和方向上受到思想教育的引导和政治教育的制约，但良好的道德水平是促成个体形成优秀思想政治素质的基础。

（一）社会主义公民道德教育

面对社会经济成分、组织形式和利益关系的多样化发展趋势，中共中央印发的《公民道德建设实施纲要》提出，要"从我国历史和现实的国情出发，社会主义道德建设要坚持以为人民服务为核心，以集体主义为原则，以爱祖国、爱人民、爱劳动、爱科学、爱社会主义为基本要求，以社会公德、职业道德、家庭美德为着力点"。

为人民服务是社会主义道德要求的集中体现，也是社会主义道德区别于其他道德的显著标志。这是一种为他人、为社会奉献的精神。事实上，大学生在社会主义社会要成为一个有道德的人，有社会奉献精神的人，就一定要全心全意为人民服务。这是因为一个人只有在为人民服务、献身社会的过程中，才能实现个人价值与社会价值的统一，才能促使自身道德觉悟不断提高、思想境界不断提升。因此，大学生越是自觉地、经常地为人民服务、为社会奉献，他们的道德觉悟和思想境界就越能得到砥砺，就越崇高。

集体主义是社会主义的基本道德原则，是符合人类社会本质的必然选择。人类的本质在于社会的规定性，确立以社会为本位的集体主义作为社会主义的价值追求，是符合人类社会本质规定的必然要求。同时，集体主义也是社会主义社会经济基础在道德领域的必然反映。社会主义社会的经济基础是公有制，维护、巩固和发展公有制，维护全体劳动人民的根本利益，必然要求在调节个人利益与集体利益的时候以集体主义为原则，这样才能正确处理好个人利益、集体利益与国家利益的辩证统一关系。

（二）社会主义核心价值观教育

社会主义核心价值观教育关乎中国特色社会主义大学的性质、办学方向与办学目标，高校肩负着培养中国特色社会主义事业建设者和接班人的重大任务。坚持弘扬和践行社会主义核心价值观，贯彻落实其基本精神和内在要求，是高等教育坚持中国特色社会主义共同理想和共产主义崇高理想，体现国家教育意志、教育理念和教育方针的根本要求。因此，必须把核心价值观作为根本性内容贯穿于高校教育教学的全过程和各方面，切实深化高校社会主义核心价值观教育。

推进社会主义核心价值观教育，学校所有院系、所有职能部门都肩负使命和责任，只是实施和体现这种教育的方式、内容、途径有所差别。一所高校对弘扬和践行社会主义核心价值观的认识深度和自觉程度，决定着它在社会主义核心价值观教育方面所取得的实际成效。真正发挥好高校所有职能部门与全体教职员工在社会主义核心价值观教育中的重要作用，首先，在思想上，要树立"教书育人、管理育人、服务育人"的全方位育人观念。高校的社会主义核心价值观教育不仅体现在教书环节上，而且还体现在管理与服务等环节上。观念是行动的先导，只有高校各职能部门、所有教职员工在观念上真正树立起"教书育人、管理育人、服务育人"的全方位教育观念，才能真正消除社会主义核心价值观教育只是思想政治理论课教师（或马克思主义学院、思想政治理论课部）的责任的偏见，也才能在实践中形成各职能部门相互支持、所有教职员工相互配合的全方位育人格局，进而形成推进社会主义核心价值观教育的强劲合力。其次，在实践中，要真正发挥各职能部门的优势和全体教职员工的积极性、主动性与创造性，推动社会主核心价值观教育走向深入。高校党委宣传部、学生工作部、团委等职能部门要联合马克思主义学院（或思想政治理论课部），以全面贯彻党的二十大和二十届一中全会精神，深入学习习近平总书记系列重要讲话精神为契机，采取师生喜闻乐见的方式，加强以社会主义核心价值观为主题的校园文化建设，把社会主义核心价值观教育融于各种文化活动之中。

深化高校社会主义核心价值观教育，要将其内容和精神渗透于高校哲学社会科学专业教育之中。哲学社会科学专业教育在高校社会主义核心价值观教育中担负着重要任务，社会主义核心价值观"进教材、进课堂、进头脑"离不开高校哲学社会科学专业教育这一重要路径。要坚持将思想政治理论课与哲学社会科学专业课相结合，注重发挥和落实哲学社会科学课程的育人功能与哲学社会科学教师的育人职责。

三、政治意识教育

（一）有关阶级和阶级斗争的观点

马克思主义的阶级和阶级斗争观点的主要内容有：阶级的存在与生产发展的一定的历史阶段相联系；阶级斗争是人类阶级社会发展的直接动力；阶级斗争必然导致无产阶级专政；阶级就是一些大的集团在生产关系中所处的地位不同，对生产资料的占有关系不同，其中一个集团占有另一个集团的劳动；阶级斗争是阶级利益存在根本冲突的对抗阶级之间的斗争；在阶级社会中，必须坚持阶级分析的方法。

资产阶级为了掩盖其剥削和压迫劳动大众的事实，一向抹杀阶级区分，宣扬"超阶级"的学说，攻击马克思主义的阶级和阶级斗争学说。

（二）有关国家的本质和职能的观点

马克思主义的国家观认为：国家问题是一切阶级斗争的焦点。国家在本质上是一个政治概念和阶级概念，而不是一个地区概念。

马克思主义的国家本质的观点包括：国家的本质是阶级矛盾不可调和的产物，是阶级统治和阶级压迫的工具，是一个阶级镇压另一个阶级的暴力机器；国家是在经济上占统治地位的阶级维护自己的经济利益和特殊地位的工具；无产阶级专政的国家，是新型的民主与新型的专政相结合的新型国家，是工人阶级和绝大多数劳动人民对极少数剥削者的专政。

马克思主义关于国家职能的观点认为：国家职能是国家本质的体现。国家的主要职能有：对内镇压被统治阶级的反抗，对本阶级实行一定范围的民主；运用政权的力量巩固和发展经济基础，干预经济生活；维护统治阶级需要的社会秩序，调节社会矛盾，防止社会崩溃；对外组织国防力量，防止外来侵略，调节国家关系，保护本国利益。

（三）有关政党的性质和作用的观点

马克思主义认为，政党是社会经济和阶级斗争发展到一定历史阶段的产物，它是社会发展到资本主义大工业生产阶段形成的政治组织，是各阶级政治斗争的产物。政党的本质属性就是它的阶级性，任何一个政党都是代表一定的阶级、阶层或社会集团根本利益的组织。政党的特点是：有政治纲领；有政治目标；有稳定的领袖集团主持；有组织纪律。

政党的作用是由它所代表的阶级、阶层或社会集团的性质以及它在物质生产中的地位决定的，总是在一定历史条件下、在政治领域对生产力的发展和生产关系的变革产生作用。不同时代、不同性质的政党在历史发展进程中的作用是不同的。

资产阶级的多党制是在代表同一个资产阶级利益的前提下，由多个政党分别代表资产阶级内部不同阶层或集团的利益而形成的。

中国共产党是无产阶级的先锋队组织，是以先进的理论武装、以先进的民主集中制组织起来的先进政党，代表最广大人民群众的根本利益，是中国特色社会主义事业的领导核心。

（四）马克思主义人权观

在"千年第一思想家"——马克思诞辰200周年纪念日，习近平总书记指出："马克思给我们留下的最有价值、最具影响力的精神财富，就是以他名字命名的科学理论——马克思主义。这一理论犹如壮丽的日出，照亮了人类探索历史规律和寻求自身解放的道路。""共产党人要把读马克思主义经典、悟马克思主义原理当作一种生活习惯、当作一种精神追求，用经典涵养正气、淬炼思想、升华境界、指导实践。""新时代，中国共产党人仍然要学习马克思，学习和实践马克思主义，不断从中汲取科学智慧和理论力量。"在推进马克思主义人权理论中国化的今天，通过品味经典马克思人权理论大智慧，对于深入学习理解习近平新时代中国特色社会主义思想的人权科学内涵，推动新时代中国人权事业发展，有着非凡的理论意义和实践价值。

当代中国人权观是对马克思主义人权观的新发展，代表21世纪人权发展的正确方向，为正确认识和把握人权贡献了中国智慧。要自觉学习马克思主义人权观、当代中国人权观，弘扬正确人权观，营造尊重和保障人权的良好氛围。

当代中国人权观以马克思主义人权观为指导。马克思认为，权利永远不能超出社会的经济结构以及由经济结构所制约的社会的文化发展。西方提出的"天赋人权"观，在历史上曾经发挥过进步作用。但这种人权观把抽象的人性、理性作为权利的根源，抹杀了人权的历史性、社会性、阶级性，具有阶级和时代的局限性。人权是历史的产物，其实现是一个不断发展的过程。人权是历史的、具体的、现实的，不能脱离不同国家的社会政治条件和历史文化传统空谈人权。人权道路的选择要有利于人民当家作主、有利于经济社会发展、有利于国家和谐稳定。

当代中国人权观的特点：第一，广泛性。我们坚持人权的普遍性、广泛性和不同人权形式的均衡包容发展，既保障公民享有人身权、财产权、人格权，又协调增进全体人民的经济、政治、文化、社会、环境权利，使人权内容更加丰富、人权体系更加完善、人权保障更加务实。第二，公平性。消除了金钱和财产状况、民族、性别、职业、家庭出身、宗教信仰、教育程度、居住期限等限制。第三，真实性。国家为人权的实现提供了制度、法律、物质方面的切实保证。

四、历史观教育

马克思主义认为，所谓"历史观"或"社会历史观"，是人们对世界社会历史的根本观点和总的看法，是文明时代的产物。因此，历史观对个人的世界观、人生观、价值观的形成起着决定性的作用，有什么样的历史观就有什么样的世界观、人生观、价值观。对历史人物和事件的评判直接影响到对当今社会和个人是非、美丑、善恶的评价。由此可见，历史观正确与否直接关系到国家、民族的兴衰盛落，关系到个人的功败垂成。新时代的大学生承担着中国特色社会主义现代化建设的历史重任。高校承担着立德树人根本任务，通过大学生理想信念教育、民族精神教育和爱国主义精神教育，引导大学生树立正确的历史观、民族观、国家观。结合当前国际、国内复杂局势，高校大学生历史观教育刻不容缓。要引导大学生树立正确的历史观，就要加强马克思主义历史观教育、历史知识教育和历史文化教育，培养大学生科学的马克思主义历史思维方式，引导大学生弘扬科学精神，自觉抵制各种错误思潮和历史虚无主义的冲击和腐蚀，激励大学生不断奋斗，凝聚起同心共筑中国梦的蓬勃力量。

历史是最好的教科书，以史为鉴、与时俱进才能更好走向未来。加强对大学生的"四史"①教育，是培养担当民族复兴大任的建设者和接班人的迫切要求。习近平总书记非常重视树立大历史观，他指出，要"胸怀中华民族伟大复兴战略全局和世界百年未有之大变局，树立大历史观，从历史长河、时代大潮、全球风云中分析演变机理、探究历史规律，提出因应的战略策略，增强工作的系统性、预见性、创造性"。

高校思想政治课程是"四史"教育主阵地，课堂教学是"四史"教育的主渠道。建强阵地，发挥课堂教学主渠道作用，关键在教师。要充分调动教师的积极性、主动性、创造性，通过开展集体备课、研讨交流、专题培训，提升思想政治课教师的素质和能力，推动"四史"教育走深走实；统筹推进"四史"教学内容建设，高质量开设《中国近现代史纲要》，积极开设"四史"类选修课，把"四史"内容有机融入思想政治课和专业课的教学实践中；充分发掘高校所在地的丰富红色资源，为课堂教学提供鲜活教材，切实增强教学效果；研究青年大学生的特点，精心选择教学方式，根据大学生认知层次、学习的不同阶段，有针对性地开展研究性学习、理论性学习，采取理论与实践结合、线上与线下结合、讲授与读原著结合、教学与研讨结合、课堂教学与社团活动结合等方式开展教学，让大学生"四史"学习教育入脑入心。

五、法纪教育

大学生是21世纪社会主义事业的建设者和接班人，他们的法纪观念和公民意识如何，直接关系到我国的社会发展和中华民族的崛起。人的观念、意识的形成、发展与巩固要靠教育的内化，我们要培养和教育大学生增强自身的法纪观念和公民意识，使之"知法""守法""护法"，着重加强以下几方面的教育：马克思主义法律观；法治思维、法治信仰；法律基础知识及如何守法、用法、护法；社会主义民主与集中；纪律与规章制度。

六、心理教育

高校是一个竞争非常激烈的地方，对于年龄在十七八岁到二十二三岁之间的大学生来说，其心理发展正处在从幼稚走向成熟的过渡时期，情绪不稳定，易产生心理矛盾，面临许多压力和心理冲突。因此，及时正确化解这些心理矛盾和压力是大学生健康成长的关键，这关系到我们能否培养出高素质的社会主义事业的建设者和接班人。心理健康教育应包括以下几个方面：身心健康的基本知识；预

---

① "四史"指的是中共党史、新中国史、改革开放史和社会主义发展史。

防心理疾病教育，如心理卫生知识教育、心理疾病的预防教育等；心理调适能力培养与训练，如开展挫折教育等；创新精神和竞争观念的培养。

七、就业观念教育

近年来，大学生就业问题日益突显，各高校逐渐开始重视大学生就业观念培养，为大学生就业提供良好环境。为进一步推进大学生就业指导工作，应不断创新工作理念，改进工作方法，健全就业观念教育工作机制，为大学生顺利就业给予多方面支持。

随着我国教育改革的不断深入，高校扩招使得毕业生数量急剧增加，为大学生的就业带来了严峻的考验。而就大学生自身就业意识来说，他们缺乏合理的职业规划，对未来充满了茫然与不知所措。因此，高校的思想政治教育更要以指导大学生有效就业、缓解大学生就业中的诸多压力为目标，培养大学生敢于面对、敢于拼搏的职业素养。

思想政治教育对高校学生的职业素养提升有着不可替代的重要意义，有效的思想政治教育不仅可以平复大学生面对就业压力时的躁动情绪，而且也可以有针对性地成为增强大学生职业意识与指导其行为的利器。同时，随着时代的发展，就业不仅仅看重一个人的学历与能力，更看重求职者的职业素养与思想品德，高校的思想政治教育正是以培育学生良好的道德素质与职业操守为目标。

八、创新意识教育

经济全球化潮流风起云涌，科学技术更新周期不断缩短，世界各国的发展程度在很大程度上取决于人才的数量、结构以及质量。人才的质量与创新能力密切关联，培养创新型人才是提高人才质量的内在需要。高等教育的任务是培养具有创新精神和实践能力的高级专门人才，发展科学技术文化，促进社会主义现代化建设。因此，增强大学生创新意识，着力培养和提高大学生的创新能力，保证毕业生具备较强的创新能力，是新时期高等教育的目标之一。创新意识教育是高校思想政治教育的重要部分，要积极探索大学生创新意识教育的方法与途径，充实高校思想政治教育的内容，满足社会发展对高素质人才的需要。

九、社会责任感教育

社会责任感是社会成员应具备的一种基本思想意识，它指的是社会群体或者个人在一定社会历史条件下所形成的为了建立美好社会而承担相应责任、履行相应义务的自律意识和人格素养。社会责任感是个体主动为社会、国家做出贡献的驱动力量。具有强烈社会责任感的人通常具备以下三种特质：一是遵守社会法律法规和道德规范；二是爱岗敬业，热爱自己的本职工作，有为社会服务的奉献精神和关心帮助别人的仁爱精神；三是关注社会发展，关心国家大事，坚守公平和正义。

社会责任感的内容会随着社会历史条件的变化而发生改变。但无论处于怎样的社会环境中，社会责任感在社会发展中的价值方向是不会改变的，它一直引领着社会的发展和进步。社会责任感从主体角度包括个人社会责任感和社会群体的社会责任感。个人社会责任感是以自身为主体的责任感，社会群体的社会责任感是以集体、国家、民族乃至全世界为主体的责任感。个人责任感和社会责任感是相互依存、相辅相成的关系：个人的发展需要社会这个平台，没有社会这个平台，个人就没有施展才华的空间；同时，社会的发展和进步也离不开个人的推动和贡献。所以个人必须具备强烈的社会责任感，否则就不利于社会的和谐与进步。

知识经济时代的国际竞争其实就是人才的竞争。教育是社会发展的基础，一个国家的教育水平决定着这个国家未来的发展方向，而大学生是国家人才的储备力量，其综合素质的高低影响着国家的发展实力。提高大学生的综合素质是各高校不可推卸的责任，而大学生社会责任感的培养就是高校思想政治教育中的必要部分。社会责任感在大学生的各种素质中处于基础性地位，其重要性是不可撼动的。

大学生社会责任感有狭义和广义之分。狭义上的大学生责任感是大学生对其在承担人类社会发展中的责任是否符合内心需要而产生的自觉意识和情感体验；广义上的大学生社会责任感也包含自我责任感。个体组成了社会，个体首先要对自己负责，才能为他人、为集体负责。值得注意的是，广义上的社会责任感并不包含以自私自利、损人利己为主要内容的自我责任感。

第三节　高校思想政治教育的功能

在新时代背景下，高校思想政治教育的功能一直备受关注。高校是科学研究和人才培养的主战场，积极响应新时代的发展要求是高校的应有之义。因此，要充分发挥思想政治教育的重要功能。

一、个体性功能

（一）思想整合功能

当今社会思想向多元化方向发展，各种思潮在交汇中进行着碰撞，而当代大学生走在时代发展的前端，更易接触到各种思潮，这难免对大学生的价值取向与价值判断造成影响。并且，由于大学生的价值观念以及对社会主义意识形态的认识仍处于不成熟阶段，因此要想达成大学生对社会主义意识形态的普遍认同，势必要通过高校思想政治教育的思想整合功能来实现。通过思想政治教育宣传主流意识形态，培养大学生的政治情感与政治认同感，将主流的、符合社会主义发展需求的社会主义意识形态内化于心，增强大学生的思想观念与觉悟，从而凝聚社会共识。

（二）政治引领功能

高校思想政治教育以人的发展需要作为出发点，在满足人们对社会政治文化需求的同时，促进人实现政治社会化，塑造具有完美政治社会人格的人。通过对高校大学生进行社会主义核心价值观教育、共产主义理想信念教育、爱国主义精神教育，使青年大学生增进了对党和国家的政治认同，坚定正确的政治立场，增强政治效能感与社会使命感，培养其成为国家治理所需要的合格的"政治人"。

此外，还要巩固壮大主流思想舆论，坚持正确的政治方向、舆论导向、价值取向，把思想政治工作融入主题宣传、形势宣传、政策宣传、成就宣传、典型宣传中，落实到党报党刊、电台电视台、都市类报刊和新媒体等各级各类媒体，不断提高新闻舆论的传播力、引导力、影响力、公信力。

（三）育人功能

高校思想政治教育是一项社会实践活动，以解决人的道德需要、信仰需要等精神层面的需求为出发点，以提高人的积极性、主动性、创造性，促进人的全面发展为价值旨归。立足于新时代的高校思想政治教育工作，就是要以党和国家发展的战略需求为出发点，适应大学生现实的思想品德状况，从精神层面着手，着眼于学生的思想水平、政治觉悟、道德品质，引导大学生具备成长为时代新人的思想政治素质和道德素质。而所谓"使命"，即命令、差遣的意思，多比喻重大责任，主动承担重大责任，即高校思想政治教育要主动对大学生施加教育影响，使其成长为担当民族复兴大任的时代新人。

因此，新时代高校思想政治教育的使命就是要立足于新时代中国青年的奋斗目标和前行方向，以时代新人精神层面的需求为着力点，在提高时代新人思想政治素质和道德素质方面发挥关键作用，引导青年大学生坚定不移听党话、跟党走，努力成长为堪当民族复兴重任的时代新人。具体来说，高校思想政治教育的育人功能包含以下几个方面。

首先，高校思想政治教育要发挥对时代新人的意识形态引导功能。大学生的意识形态安全事关民族凝聚力。在百年未有之大变局的世界局势下，西方敌对势力妄图通过网络阵地对我国青年大学生群体进行意识形态的渗透和围堵，尤其是通过网络舆论引导、价值观渗透，同我们争夺人心、削弱我国的凝聚力。而青年大学生要成长为堪当大任的时代新人，就要站稳政治立场，坚定理想信念。因此，高校思想政治教育要发挥意识形态引导功能，坚持以习近平新时代中国特色社会主义思想为指导，巩固大学生的意识形态安全，从而增强大学生的政治自觉，做到"两个维护"，增强"四个意识"，坚定"四个自信"，立志成长为理想信念坚定、责任意识强烈的时代新人。

其次，高校思想政治教育要发挥对人的品德塑造功能。国无德不立、人无德不兴，拥有高尚的品德，才能根基深远，行稳致远。"一个人的道德修养、精神境界、创新能力与进取精神，都是思想政治教育日积月累、潜移默化的结果"[①]。时代新人，作为全面建设社会主义现代化国家和实现民族复兴梦想的开路先锋，必须以德作为立身之本、精神之源，才能够成为精神饱满、堪当重任的栋梁，才能在百舸争流的世界大变局中站稳脚跟。因此，高校思想政治教育要结合学生思想实际，以立德树人为根本任务，通过潜移默化的方式塑造大学生的个体品格、丰富其精神境界，促进大学生形成时代新人所具备的品格魅力、道德情操和积极健康的精神状态，帮助其树立正确的理想信念，具备强烈的使命感和乐观的进取心态，勇做走在民族复兴前列的时代新人。

最后，高校思想政治教育要发挥价值导向功能。高校思想政治教育具有鲜明的政治性、实践性，而时代新人作为新时代党和国家的重点培养人才，其思想政治教育必须贯彻党的教育方针，肩负起培育时代新人的使命，这是对学校"培养什么人、怎样培养人、为谁培养人"的价值引领，能促使高校转变人才培养理念，优化人才培养路径，确立培养有理想、有本领、有担当、有家国情怀的时代新人目标。

总之，在新的历史背景下，高校思想政治教育要关照现实与未来，切实肩负起培育时代新人的使命，从大学生的精神需求出发，把高校思想政治教育工作贯

---

① 骆郁延.思想政治教育原理与方法[M].北京：北京师范大学出版社，2019：86.

穿培育时代新人的全过程，满足大学生的成才之需，提升育人的实效性，为大学生成长为担当大任的时代新人奠定成才之基。

二、社会性功能

（一）凝聚功能

思想政治教育具备把社会成员的各种思想和行为整合到一起的凝聚功能。思想政治教育通过发挥凝聚功能可以使社会成员在纷繁复杂的社会生活中保持思想层面上的共同倾向，有利于形成思想共识。青年大学生通过接受高校思想政治教育中的理想信念教育、民族精神教育、时代精神教育、民主法治教育等，能形成一种思想共识，在未来的发展中始终坚定自身的理想信念，进而可以提高民族凝聚力与向心力。

（二）协调功能

高校是社会组织的一个部分，作为一个复杂的系统，高校中的学生之间、学生与集体之间、学生与社会之间、集体与社会之间难免会有价值认同上的差异，高校教育者通过运用高校思想政治教育缓和矛盾、协调关系的功能，在思维层面、认识层面纠正学生的错误思想观念，消弭价值取向与认同上的分歧，努力促进双方的意识形态层面和价值层面的认同，借以化解矛盾、协调关系。

高校思想政治教育在尊重学生个体差异、尊重个体利益诉求的基础上，通过价值引导、理论学习、民主讨论的方法，增进学生与集体、学校以及社会之间的互相信任，使矛盾关系能得到协调和处理。

（三）服务功能

第一，高校思想政治教育要为社会主义市场经济服务，使社会主义市场经济能够一直处于稳定运行状态。

第二，高校思想政治教育服务于政治建设，通过增强学生的政治认同感进而增进社会成员的政治认同感，形成政治凝聚力，使社会成员自觉为政治领域建设服务。

第三，高校思想政治教育要具有为党的建设和发展服务的自觉，自觉帮助高校师生和其他社会成员正确理解党的思想和目的，及时、准确地了解党的方针和政策，并有意识地围绕在党的周围，拥护党的决策、纲领。

第四节　新时代高校思想政治教育发展的理论基础

一、马克思主义哲学的世界观和方法论

马克思主义哲学是人类以往科学和哲学思想发展的光辉结晶，是马克思主义的重要组成部分。马克思主义哲学即辩证唯物主义和历史唯物主义，是以整个世界为自己的研究对象，揭示自然界、社会和人类思维发展的一般规律的科学，是人们认识世界、改造世界的强大思想武器，是无产阶级及其政党完整而彻底的世界观和方法论。思想政治教育学是关于人的思想和行为变化规律以及如何根据这一规律有效地进行思想政治教育工作的一门科学。思想政治教育工作是做人的工作的，在人的问题上，最根本的问题是世界观问题，思想政治教育学所阐述的理论是对马克思主义哲学原理的具体运用，辩证唯物主义和历史唯物主义的基本原理贯穿于思想政治教育的全过程，因此马克思主义哲学理所当然地成为思想政治教育学的研究指南和理论基础。

辩证唯物主义最基本的原理，是物质第一性、意识第二性，物质决定意识，意识对物质具有能动的反作用。人类不同于其他动物的最大之处就在于人是有意识的，人们是通过自己的意识来认识世界和改造世界的。这就是人的主观能动作用，这就是人的意识对客观世界的反作用。不承认或低估意识的反作用和能动作用是错误的。但是，马克思主义强调意识的反作用，与唯心主义历史观夸大意识的作用有本质的区别。马克思主义经典作家反复强调，在经济因素与社会意识的交互作用中，经济运动归根结底是作为一种必然的东西出现而推动社会发展的。在这个前提下，马克思主义强调先进社会意识的作用，强调理想的作用，并且把它们看作发展无产阶级意识的主要手段。

因此，用先进的、科学的思想教育和武装广大人民群众，提高人民群众认识世界和改造世界的能力，引导人民群众为实现远大的社会理想而奋斗，就成了无产阶级实现历史使命的客观要求。在实际工作中，"思想领先"是意识发挥能动作用的重要表现。如果正确的思想领先，就会使工作取得成效；相反，就可能失败。同时，尽管有正确意识，也不能保证人人都能自始至终地自觉运用它来支配行动，所以，正确理论要发挥自己的作用，必须深入实际，相信群众、依靠群众，说服、教育群众，这正是思想政治教育的作用和目的。思想政治教

育要求坚持"思想领先"这个辩证唯物主义的原则，使马克思主义的先进理论不仅赶上实际工作，而且走在实际工作的前面，这样才能指导人们的实践不断向更高阶段发展。

唯物辩证法是唯一科学的方法论，它要求人们用全面的、发展的、联系的观点看问题，坚持具体问题具体分析，根据主客观条件制订并实施计划，有目的地、能动地改造客观世界。它为思想政治教育学提供了科学的方法论，用全面的观点和方法看问题，用发展的观点和方法看问题以及具体问题具体分析等成为思想政治教育的方法论要求。客观世界是复杂多样的统一的物质世界，人们的思想与行为也是复杂多样的，要正确认识和解决人们的思想与行为问题，就要坚持客观性、全面性原则，切忌主观性、片面性。要从事物的相互联系、变化运动中把握问题的实质，运用不同方式、方法解决不同的矛盾，坚持两点论与重点论的统一，使思想政治教育有效地做到点子上、落到实处，以提高思想政治教育的科学化水平。

辩证唯物主义认识论科学地揭示了人的思想产生和发展的一般规律，即"实践－认识－再实践－再认识"这个过程，其循环往复以至无穷。思想政治教育学依据辩证唯物主义认识论原理，研究人的思想形成和发展变化的规律，并且依据这个规律提出了一些思想政治教育的理论原则和方式方法。

历史唯物主义中关于政治与经济关系的基本原理，是思想政治教育学的又一重要依据。马克思主义认为，政治来源于经济，又为经济服务。所以，政治对经济的作用既是指导作用，又是服务作用。正确理解政治与经济的辩证关系原理，有利于我们正确认识思想政治教育的必要性。其一，政治是由经济决定的，其二，政治对经济又有反作用，但这种反作用必须通过一定的方式来表现。这种方式是多种多样的，有国家的行政管理措施，有各种政治运动，也有上层建筑其他因素的反作用方式。其中思想政治教育是政治对经济发挥反作用的一种极为重要的方式，并且渗透在其他反作用方式中。从这个意义上说，思想政治教育是最直接体现政治要求、政治意图和完成政治任务的手段，在经济建设中只有做好思想政治教育，才能保证工作发展的社会主义方向，引导人们树立社会主义市场经济观念，才能成为推动经济建设的巨大动力。

二、马克思主义人学理论

开展思想政治教育工作的一个重要目标，就是通过正确的引导帮助大学生形成网络社会所要求的思想品德，促进大学生在网络环境中也可以自由而全面地发展。马克思主义人学理论是关于人的哲学理论，以人为研究对象，科学揭示了人的生存和发展的一般规律，它是思想政治教育重要的理论基础。该理论全面系统地阐述了人的存在、人的本质和人的发展，具有十分丰富的内涵，围绕人开展关于人性、人的本质、人的主体性、人的需要、人的价值、人权、人的自由、民主、平等、公正以及人的发展等重大理论问题的研究。在马克思主义人学理论中，最重要的三个方面为存在论、本质论和发展论。

（一）存在论

开展高校思想政治教育的目的，是促进大学生在社会中生存和发展。按照马克思主义提出的思想观念，人是实践的存在，是"现实的个人"的存在。马克思主义的出发点是从事实际活动的人，也就是说其研究对象是现实的、有生命的人，具体来说就是处在现实中的、可以通过经验观察到的、在一定条件下进行的发展过程中的人。此外，马克思还指出，人不仅是现实的人、具体的人，同时也是历史的人。因此，应该在人与历史的互动中考察人、研究人，应该将人类主体放在过去、现在、将来的各个阶段，对其各自特征进行研究。马克思提出，在此基础上，人应该是实践的人，实践是人在社会中生存和发展的最根本方式，人和社会都是随着实践而产生和发展的。通过实践，世界的存在方式、人与世界的关系发生了改变，人通过实践活动实现和证明自己的实际存在，并且只有通过实践人才可以在社会中自由生存和发展。

实际上，人的存在是通过人的现实性、历史性和实践性得以表现的。按照马克思的存在论，人的存在就是其实际生活过程，该理论还揭示了人的生存的实践特质。对人类个体开展思想政治教育是一种存在于人类个体精神层面的实践活动，同时也是人在社会中生存和发展的重要方式，人从事这样一种活动、过这样一种生活只能是出于维护与促进自身存在和发展的需要。根据马克思主义关于人的存在理论可知，思想政治教育的出发点是满足人类生存和发展的现实需要。

目前，随着网络的普及，网络生活逐渐成为人们的一种重要生活方式，尤其是对于大学生来说更是如此，而人们处于网络环境中会希望更好地生存和发展。万光侠在其著作《思想政治教育的人学基础》中研究了人的现实生存与虚拟生存的问题，他提出人的虚拟生存实际上是现实生存的一种延伸，虚拟生存超越人在现实生存中的感觉，是一种基于网络技术和信息技术而发生交往活动的全新生存方式。需要注意的是，虚拟生存并不是说这是一种虚构的生存，而是指数字化、符号化，即使是虚拟生存也是一种实际存在的生存。因此，人的网络存在也是一个过程，体现为人类个体在网络环境追求更美好的自我存在的过程。从这个角度来说，思想政治教育就是促使人们在网络中实现更好的自我存在的活动，满足他们生存、发展的实际需要。通过学习和掌握马克思主义关于人的存在理论，可以帮助教育者更好地理解思想政治教育的目的和任务。此外，网络具有自由、平等、互动、开放等显著特性，在这样的环境中人们可以更好地发挥自身的潜能，更好地提升个人价值等。因此，开展高校思想政治教育实践活动的一个重要部分就是实现大学生生存方式的改变和优化。

（二）本质论

马克思主义科学地揭示了人的本质，认为人的本质在于人的社会性，是人区别于动物的本质属性。马克思认为"人是最名副其实的社会动物，不仅是一种合群的动物，而且是只有在社会中才能独立的动物""人的本质不是单个人所固有的抽象物，在其现实性上，它是一切社会关系的总和。"社会关系的内容是极其丰富的，有经济关系、政治关系、法律关系、文化关系、伦理道德关系、民族关系、家庭关系等。其中，经济关系起主导作用，它是一切社会关系中的主要因素，政治、文化关系建立在经济关系基础上，受经济关系制约。人与动物区别开来的主要标志是人的生产劳动。

马克思主义关于人的本质理论，为我们正确认识大学生、科学开展高校思想政治教育活动提供了理论指导。高校思想政治教育的对象是大学生，高校思想政治教育是帮助大学生树立正确思想的一种教育实践活动。科学地开展高校思想政治教育活动，必须先要认识大学生、了解大学生，把握大学生的思想形成与发展的规律。研究和掌握人的本质理论有助于教育者正确认识大学生和把握大学生的思想形成与发展的规律，这是因为，第一，大学生的思想是在一定的社会关系中，通过参加社会实践活动而形成、发展的。各种社会关系对大学生思想的形成和发展产生极其重大的影响，其中经济关系对大学生的思想影响是关键。在坚持人的本质在于人的社会性的前提下，我们通过考察各种社会关系对大学生的思想影响，有助于认识和把握大学生的思想形成的物质原因和社会根源。第二，大学生的本质是变化发展的，这种变化发展必然导致大学生的思想发生变化。研究人的本质变化、发展的理论，有助于我们科学地、动态地认识大学生思想发展、变化的特点。第三，大学生的本质是在一切社会交往关系中实现的。大学生的社会交往关系越丰富，其活动范围和接触事物的广度和深度就必然增加，这样一来，大学生就能从中接收到丰富的信息和进行广泛的人与人之间的思想交往。例如，通过在教育活动中与教育者的双向交往与互动，大学生就会受到教育者的引导和帮助，使自己形成新的思想政治品德。所以，在人的本质理论指导下，不仅可以认识大学生的思想形成的规律，而且能遵循大学生的思想政治品德形成规律，科学地实施教育活动。总之，只有坚持以马克思主义人的本质学说为指导思想，才有可能科学地分析大学生的本质和思想特点，营造良好的育人环境，引导大学生树立正确的世界观、人生观、价值观，使大学生的成长成才与我国社会进步的发展方向相一致。

（三）发展论

马克思运用科学性与价值性统一的方法，从四个方面对人的发展问题进行了研究。一是从"他所处历史时代人的发展与异化"现状的思考和批判开始，分析了无产阶级的生存环境和发展命运，提出了人的自由全面发展的目标。二是通过"剖析人的发展与异化"的根源解释人的全面发展的人本内涵，认为分工的发展和私有制的产生是劳动者异化的根源，人的发展的"异化"状况在资本主义大工业阶段出现后达到顶点。针对人的片面发展的境况，马克思认为人的全面发展应包括人的劳动能力的全面发展、人的社会关系的全面发展，人的自由个性的全面发展等。三是通过分析生产力和生产关系的矛盾运动以及人的活动规律，揭示了社会发展规律，提出了实现个人全面发展与社会全面进步和谐一致理想目标的现实道路。四是通过分析人与自然、人与社会的关系，提出了人的发展和人类解放的三个历史阶段（即三大社会形态）的理论。在马克思看来，人类解放、人的全面发展的历史过程，是在人类社会发展规律作用下的必然过程，这个过程经历不同的社会形态逐渐发展，最终才能达到理想境界。马克思对人的发展的三个历史阶段的划分，说明人的全面发展是一个不断推进、逐渐提高和永无止境的历史过程，前一个阶段是后一个阶段的前提和基础，为后一个阶段的发展做好准备、提供条件，后一个阶段是前一个阶段的必然趋势和发展结果。

中国共产党继承和发展了马克思的人的全面发展思想，并给予这一思想以中国特色和时代特色，对马克思的人的全面发展思想进行了继承和发展，为思想政治教育确立正确的目的、任务、内容指明了方向。

在新的历史条件下，思想政治教育及其学科建设要自觉坚持以马克思主义人学理论为指导，树立"以人为本"的思想政治教育观，努力培养全面发展的社会主义新人。

三、中国特色社会主义思想

新时代中国特色社会主义思想是全党全国人民为实现中华民族伟大复兴而奋斗的行动指南。习近平新时代中国特色社会主义思想是当代中国马克思主义、二十一世纪马克思主义，是中华文化和中国精神的时代精华，实现了马克思主义中国化时代化新的飞跃。

国势之强由于人，人材之成出于学。新时代开启了中国特色高等教育的新征程，新时代高校要切实把握思想政治教育的重要性，全面贯彻好党的教育方针，解决好培养什么人、怎样培养人、为谁培养人这个根本问题。

在党的十九大报告中，习近平总书记论述了落实立德树人根本任务的重要意义。2018年9月，在全国教育大会上，习近平总书记强调，要把思想政治教育放在立德树人、铸魂育人更加重要的位置。2019年3月18日，习近平总书记主持召开学校思想政治理论课教师座谈会，强调指出："用新时代中国特色社会主义思想铸魂育人，贯彻党的教育方针，落实立德树人根本任务。"上述论断为我们做好新时代高校思想政治教育提供了指引。我们必须紧紧抓住"铸魂育人"这个根本要求，弄清其思想内涵，找准高校思想政治教育的现实难题，科学选择实践路径，不断增强新时代高校思想政治教育的实效。

2019年3月18日，习近平总书记在学校思想政治理论课教师座谈会上发表重要讲话，为深化新时代高校思政课守正创新发展提供了根本遵循。四年来，高校思政课建设更加注重遵循规律，不断夯实工作基础，着力凸显育人成效，持续增强发展动力，在培育担当民族复兴大任的时代新人、培养德智体美劳全面发展的社会主义建设者和接班人中努力发挥重要作用。

习近平总书记在学校思想政治理论课教师座谈会上发表重要讲话以来，高校对思政课建设的规律性认识显著增强。

一是坚持党对高校思政课建设的全面领导。习近平总书记在学校思想政治理论课教师座谈会上强调："办好思想政治理论课，最根本的是要全面贯彻党的教育方针，解决好培养什么人、怎样培养人、为谁培养人这个根本问题。"青少年阶段是人生的"拔节孕穗期"，只有全面贯彻党的教育方针，才能更好地保证青年学生投入为中华民族伟大复兴的奋斗。2019年，中共中央办公厅、国务院办公厅印发的《关于深化新时代学校思想政治理论课改革创新的若干意见》（以下简称《意见》）指出，要加强党对思政课建设的领导，严格落实地方党委思政课建设主体责任，推动建立高校党委书记、校长带头抓思政课机制。近年来，党对高校思政课建设的领导进一步增强，为人才培养的正确方向提供了坚实保障。

　　二是坚持扎根中国大地建好高校思政课。习近平总书记强调"扎根中国大地办教育"。高校思政课的生成、发展与创新，离不开中国共产党领导的革命、建设和改革实践，也离不开中华文化的滋养。《意见》指出，各高校要重点围绕习近平新时代中国特色社会主义思想、党史、新中国史、改革开放史、社会主义发展史，宪法法律，中华优秀传统文化等设定课程模块，开设系列选择性必修课程。2020年，中共中央宣传部和教育部印发的《新时代学校思想政治理论课改革创新实施方案》（以下简称《方案》），进一步明确了选择性必修课程建设方案。近年来，全国高校相继开发选择性必修课程，使课程更加体现中国发展实际，展现中华文化魅力，彰显党的历史智慧。

　　三是坚持以学生的全面发展为价值导向。促进学生的全面发展，一直是高校思政课的使命担当。习近平总书记在学校思想政治理论课教师座谈会上强调："培养德智体美劳全面发展的社会主义建设者和接班人。""五育并举"成为新时代学校人才培养的重要目标。《意见》强调，要系统开展马克思主义理论教育，系统进行中国特色社会主义和中国梦教育、社会主义核心价值观教育、法治教育、劳动教育、心理健康教育、中华优秀传统文化教育。在此基础上，《方案》将总体国家安全观教育、公共卫生安全教育等也融入课程。近年来，高校思政课的课程内容建设，充分展现了促进学生全面发展的价值导向。

第二章　高校思想政治教育发展的历史进程

自中华人民共和国成立以来，高校思想政治教育经历了在曲折中发展、在发展中壮大的过程。以中华人民共和国成立以来发展历史的纵深视野梳理高校思想政治教育的发展历程、内涵演进、经验启示，具有重要学术价值和现实意义。本章分为中华人民共和国成立初期的高校思想政治教育、改革开放初期的高校思想政治教育、21世纪的高校思想政治教育三部分。

第一节　社会主义建设初步探索时期的高校思想政治教育

一、社会主义改造时期的高校思想政治教育

在中华人民共和国成立之初，党领导全国人民经历了土地改革、镇压反革命等政治运动，基本完成了社会主义改造，实现了从新民主主义到社会主义的转变。与此相对应，新中国成立对全国高校进行了分阶段的改革，掌握了所有高校的领导权，完成了对旧教育制度的改造，实现了由新民主主义教育向社会主义教育的转变。这一时期高校思想政治教育肩负着改造旧教育、创造新教育的重任，积累了不少宝贵经验，在高校思想政治教育史上占有极为重要的地位。主要表现在以下几个方面。

第一，重视高校思想政治教育，确立了高校思想政治教育在高等教育中的重要地位。1949年9月，中国人民政治协商会议通过的《中国人民政治协商会议共同纲领》规定，中华人民共和国的文化教育是新民主主义的，即民族的、科学的、大众的文化教育，提出要以肃清封建的、买办的、法西斯主义的思想，发展为人民服务的思想为主要任务。1953年5月，毛泽东亲自主持了政治局会议，专题讨论教育工作，配备充实高校领导骨干，决定抽调宣传教育部门及青年团的干部充实大学领导队伍。党的过渡时期总路线提出后，要把社会主义教育和反对

资产阶级思想腐蚀作为高校思想政治教育的任务，遵照毛泽东关于对青年进行"三好"教育的指示，以实现"三好"为高校思想政治教育的工作方向和学生的努力目标，规定各类高校应该培养新型知识分子，作为国家建设的新型骨干。这样就把高校思想政治教育的重要地位具体体现和落实到各类高校的培养目标上了。

第二，设置马克思主义政治理论课，形成了比较科学的高校思想政治教育课程体系。党和国家把开设政治理论课看作改造旧大学、建设新大学的重要标志，当作进行经常的、系统的高校思想政治教育最基本的形式和根本方法，因而确立了其在高等教育和高校思想政治教育中的重要地位。最早开设政治理论课的是华北地区各大专院校的文学院、法学院。

1950年下半年，教育部召开了"全国高校政治课教学讨论会"，规定了今后全国推行高校思想政治教育的"三个重点""三项规定"和"六项原则"。1952年10月，根据政务院的有关规定，高等教育部发布的有关指示、决定和通知明确地规定，把政治理论课作为"一切专业教育的基础"，和其他各种基础课、专业课一样统一列入各类高校各种专业的教学计划中；在高校开设了"新民主主义论""中国革命史""政治经济学""辩证唯物主义与历史唯物主义"等马列主义公共必修课。经过一段时间的教学实践，教育部根据实际情况对课程设置、学期安排、学时要求、教学方法、成绩评定以及师资培训、教学组织领导等不断进行总结和调整，初步形成了马列主义政治理论课程的较为完整的体系，确立了它在整个高校思想政治教育中的主渠道地位。这是高校思想政治教育的一个重大变革，它发挥了巨大的社会功能。

第三，成立政治工作机构，形成了高校思想政治教育体制体系。新中国成立初期，高校实行校长负责制，校长对学生的德、智、体发展全面负责。1952年9月，中共中央转发中央教育部党组《关于在高等学校有重点地试行政治工作制度的指示》。该指示指出，需在高校建立政治工作制度，设立政治辅导处，并配备政治辅导员。政治辅导处是高校思想政治教育的专门机构，负责实施政治理论教育和思想政治工作。1953年，清华大学率先建立政治辅导员制度，此后全国其他高校也相继设立了政治辅导处，并配备了一定数量的政治辅导员。从此，高校的思想政治教育有了专门的组织机构，这一组织形式一直保留到今天，成为高校基层负责学生高校思想政治教育的组织力量。1954年，教育部要求树立教师对学生全面发展负责的思想，把高校思想政治教育与专业知识教学紧密结合起来。1955年3月，全国学校教育工作座谈会指出，要加强党委对学校教育工作的领导和监督，强调学校行政领导和党、团组织对学生的共产主义道德教育和学生的全面发展都负有重大责任。这样，经过几年的建构，各高校对高校思想政治教育进行组织领导的有效方式得到了全面加强，基本上形成了党委统一领导，校长负责，以政治理论课为主体，各级党团组织、广大教师和辅导员分工配合，共同实施高校思想政治教育的工作体系，形成了中华人民共和国高校思想政治教育体制的雏形，为以后的完善和发展奠定了良好的基础。

第四，形成了一些比较有效的教育方法与途径，主要表现在两个方面：一是继承和发扬了党在革命战争年代进行高校思想政治教育的优良传统和政治优势，强调政治学习、批评与自我批评等，通过上党课、听讲座、举办党校培训、开展学马列及学党章学习小组等形式，进行富有成效的高校思想政治教育，培养造就了一大批有理想、有知识的社会主义事业的接班人。二是主要采用灌输式和说服法等显性教育的方法。各高校都花费了大量精力组织安排学生的思想政治学习和培训，除了采用政治课、讲座等形式以外，还广泛利用广播、报纸、宣传栏等媒介，进行直接而明确的高校思想政治教育。这种形式单一的高校思想政治教育方法在当时特定的时期比较容易被接受，基本上满足了时代和社会对高校思想政治教育的要求。

二、全面建设社会主义时期的高校思想政治教育

1956—1966年是我国积极探索自己的发展道路的重要时期。高等教育事业迅速发展，党和政府在总结和研究教育规律、反思高校思想政治教育失误的过程中，对高校思想政治教育中的一些问题进行探索，提出了一系列正确原则、途径和方法，积累了丰富的经验。

1957年2月，毛泽东发表《关于正确处理人民内部矛盾的问题》，提出了正确处理人民内部矛盾的学说，为高校思想政治教育提供了新的理论基础。毛泽东全面阐述了党的教育方针："应该使受教育者在德育、智育、体育几方面都得到发展，成为有社会主义觉悟、有文化的劳动者。"针对当时一部分人忽视政治的倾向，他提出要加强思想政治工作，要求知识分子和青年学生除了学习专业之外，在思想上要有所进步，政治上也要有所进步，这就需要学习马克思主义，学习时事政治。没有正确的政治观点，就等于没有灵魂。他还指出，对学生的"思想政治工作，各个部门都要负责任。共产党应该管，青年团应该管，政府主管部门应该管，学校的校长教师更应该管"。这些是对新中国成立以来我国高校思想政治教育的重大发展，奠定了社会主义时期高校思想政治教育的理论基础。这一时期，党从战略高度上提出了"又红又专"的培养目标，为广大学生指引了正确

的成才方向和人生道路，具有重要意义。在 1958 年的"教育大革命"中，毛泽东在《工作方法六十条（草案）》中提出了又红又专的问题。他说："红与专、政治与业务的关系，是两个对立物的统一。一定要批判不问政治的倾向。一方面要反对空头政治家，另一方面要反对迷失方向的实际家。"但是，对学生"又红又专"的要求后来发展为"红透专深"的过高要求，开展的红专大辩论、向党交心、插红旗、拔白旗等一系列高校思想政治教育活动，内容有很强的片面性，方式偏于简单化。1958 年 9 月 19 日，中共中央、国务院发布《关于教育工作的指示》，对党的教育工作的方针做出了基本正确的表述，强调教育为无产阶级政治服务，教育与生产劳动相结合，培养学生的阶级观点、群众观点、集体观点、劳动观点和辩证唯物主义观点。这些基本符合我国教育的实际。但是，在实践中片面强调政治教育和生产劳动，忽视业务教学、理论学习和专家、教师的作用，违背了教育规律，造成了教育质量下降，影响了学生素质的全面提高。

1959 年 6 月，中共中央批转《团中央关于对学生进行思想政治教育几个问题的报告》，提出了改进学校思想政治工作的几点意见：一是要按照学校的特点开展工作，学校工作以教学为中心，思想工作应当有利于教学工作的进行，有利于在学生中形成认真读书、刻苦钻研的风气，不能事事搞运动，天天搞运动，而应当经常进行深入细致的思想教育工作；二是要善于运用各种思想工作阵地，多方面地对学生进行教育；三是要具体分析、区别对待，严格区分两类不同性质的矛盾，在进行教育的时候坚持说服的方法，不能采取简单粗暴的压服办法；四是要注意在学校中营造民主的、自由争论的风气，培养学生勇于坚持真理、改正错误的精神。

1961 年中共中央颁布了《教育部直属高等学校暂行工作条例（草案）》（简称《高校工作条例》，惯称"高教六十条"），对高校政治教育的任务、内容、原则、方向等问题做出了明确的规定，提出了"两个具有、两个拥护、两个愿意、一个通过，达到四个观点"的总体规格要求。这些要求纠正了 1958 年以来在政治与业务、红与专方面的偏差，不仅为高校思想政治教育指明了方向，对 20 世纪 60 年代前期所培养出来的人才起了重要作用，而且对当今的高校思想政治教育具有很重要的借鉴意义。

这一时期，高校思想政治教育在突出政治的格局下发展，积累了有益的经验，呈现出鲜明的时代特点，主要表现在以下几个方面。

第一，高校思想政治教育在内容和方法上进行探索，积累了许多成功的新鲜经验。在内容上，加强爱国主义、国际主义、集体主义和社会主义的教育，阶级观点、劳动观点、群众观点、辩证唯物主义观点的教育，自力更生、艰苦奋斗的教育，全心全意为人民服务的共产主义道德品质教育等。在调整时期，广大政工干部深入学生，与学生同吃、同住、同学习、同劳动，以身作则，培养了许多优秀学生骨干，使高校思想政治教育收到了预期效果；在三年困难时期，高校开展了一系列艰苦奋斗和革命传统教育，对提高学生的社会主义觉悟、共同渡过难关发挥了重要作用；在社会主义竞赛中开展"比学赶帮超"活动，形成了全面积极上进的良好氛围。

第二，高校广泛开展"学雷锋"等榜样教育活动，以英雄精神激励青年学生。这一时期，高校广泛、深入、持久地宣传一系列典型英雄集体和英雄人物：一是各条战线涌现出来的英雄人物，如为祖国创业而吃苦耐劳的"大庆人"和"北大荒人"，全心全意为人民服务的雷锋、王杰、欧阳海式的战士；"心中装着全体人民、唯独没有自己"的焦裕禄式的共产党员；"到祖国最需要的地方去"的董加耕、邢燕子、侯隽等知识青年。二是青少年的楷模，如刘文学、草原英雄小姐妹等。三是电影、戏剧、文学作品中的革命者，如江姐、许云峰等，他们的思想和人格都深深地影响着青年学生。特别是1963年开展的"学雷锋"活动规模最大，持续时间最久，产生的影响最深，影响了几代人。事实表明，榜样教育是高校思想政治教育工作的有效方法。

三、20世纪60年代的高校思想政治教育

这一时期，高校思想政治教育步入歧途，声誉遭到严重败坏，教训十分深刻。在此期间，周恩来、邓小平等在极其艰难的情况下整顿教育，让高校思想政治教育出现过两次转机。尽管这两次转机都好景不长，但仍然起到了一定的作用，特别是对粉碎江青反革命集团以后高校思想政治教育的转折和发展有很大的启迪作用。

四、徘徊、转折时期的高校思想政治教育

1977年7月，邓小平重新主持工作后，十分重视教育战线的拨乱反正和整顿恢复工作，恢复了高校招生考试制度，实行德智体全面考核、择优录取的原则，给高教事业带来一片生机。1978年3月和4月，他主持召开了全国科学大会和全国教育工作会议，提出"科学技术是生产力""教育事业必须同国民经济发展的要求相适应""学校应该把坚定正确的政治方向放在第一位"等重要观点，将"四个现代化"的实现确立为教育的主要目标。

全国教育工作会议后，党中央、国务院及有关部门相继对教育事业做出一系列重大决策，采取了许多有力措施，整顿恢复教育工作，高等教育事业开始走上正常的发展轨道。出台了"高教六十条"修改稿，重新恢复马列主义理论课的正常教学工作，加强日常的高校思想政治教育，整顿校风校纪；在组织上开始注意重建和完善学生思想政治工作队伍，发挥共青团、学生会的作用；在方法上以开展各种专题活动为主，坚持正面教育；在内容上以发动和组织广大师生开展揭批江青反革命集团破坏教育事业的罪行为主，开始恢复教育秩序，重视守纪律、讲礼貌、讲文明等基本社会公德教育；为加强学生管理、创造良好的教学环境，1978年12月，教育部颁发了《高校学生学籍管理的暂行规定》。高校思想政治教育工作在揭批江青反革命集团中得到初步恢复，出现了生机，但由于受"两个凡是"错误方针的直接影响，高校思想政治教育徘徊了两年。

第二节　改革开放新时期的高校思想政治教育

1978年12月召开的党的十一届三中全会确定了正确的思想路线，做出了工作重点转移到社会主义现代化建设上来的决策，开创了改革开放和社会主义现代化建设的新时代。党的十一届三中全会推动了思想解放，指引高校思想政治教育走上了健康发展的轨道。

一、中国特色社会主义改革开放起步阶段

1980年12月25日，邓小平在中央工作会议上明确强调，高校思想政治教育的具体内容就是加强各级高校的政治教育、形势教育、思想教育，包括人生观教育、道德教育。1983年7月，中共中央批转了《国营企业职工思想政治工作纲要（试行）》，要求有条件的高校都要增设政治工作专业，并且将共产主义思想道德教育作为该阶段高校思想政治教育内容的核心。

1984年10月，《中共中央关于经济体制改革的决定》颁布之后，随着经济体制改革的逐步深入展开，中共中央开始强调对大学生进行民主法制教育、科学创新精神教育、"形势与政策"教育以及革命传统教育。虽然这一时期共产主义思想道德教育依然是经济体制改革之后高校思想政治教育的重要内容，但是由于这一时期全国上下把更多的精力投放在了经济建设上，一些高校放松了对大学生的思想政治教育，马克思主义理论教育、坚持四项基本原则教育以及社会主义价值取向教育等都没有很好地坚持下来。

这一阶段从工作内容上来概括就是，不仅在高校恢复了马列主义理论课程，而且在高校开设了思想品德课程。1978年4月，教育部起草了全国教育工作会议征求意见稿，即《关于加强高等学校马列主义理论教育的意见》。它指出，高校的马列主义理论课程一般开设"老四门"，即辩证唯物主义与历史唯物主义、政治经济学、中共党史和国际共产主义运动史四门课。

1980年7月，教育部遵照中共中央指示，制定了《改进和加强高等学校马列主义课的试行办法》，确定在全国高校本科中开设中共党史、政治经济学、哲学三门课程，文科专业加开国际共产主义运动史或试开科学社会主义课程。1982年10月，教育部发布了《关于在高等学校逐步开设共产主义思想品德课程的通知》。我国高校逐步开设了共产主义思想品德课程。同年12月，教育部发出通知，在大中学校开展针对新宪法的宣传教育。

1984年9月，教育部又发出《关于高等学校开设共产主义思想品德课的若干规定》，并且制定下发了《共产主义思想品德教学大纲（试用本）》。1985年8月，根据中共中央《关于改革学校思想品德课和政治理论课教学的通知》推出了"新四门"，即中国革命史、中国特色社会主义建设、马克思主义原理、世界政治经济与国际关系，简称"85方案"。其中特别规范了高校马克思主义思想品德和政治理论课的主要内容及要求。

①进行以中国革命史为中心的历史教育，使学生了解具有悠久历史、文化传统的中国是怎样根据历史的必然走上以中国共产党为领导力量的社会主义道路的。

②进行马克思主义基本理论教育，使学生了解马克思主义的哲学、历史学、经济学、政治学和科学社会主义等基本理论观点的历史渊源、主要内容和现代发展。

③有分析、有比较地介绍当代其他各种社会思潮，对错误的思潮进行充分说理批判，培养学生运用马克思主义对错误思潮进行鉴别和分析的能力。

④进行中国特色社会主义建设和改革的理论、政策和实际知识的教育，使学生了解我国，了解党和人民正在进行的有世界意义的伟大事业与青年一代的密切关系及崇高责任。在高校开设马克思主义政治理论课和思想品德课，是中共十一届三中全会以来大学生思想政治教育改革不断深化的结果。实践证明，马克思主义政治理论课程和思想品德课程的开设，在提升大学生政治素养和思想道德素质、树立大学生的理想信念和大学生的世界观、人生观和价值观教育方面发挥着重要作用。

二、中国特色社会主义改革开放全面展开阶段

这一阶段大学生思想政治教育的特点之一，是加强了"形势与政策"教育和马克思主义理论教育。1986年7月9日，中共中央宣传部、国家教育委员会联合印发了《关于对高等学校学生深入进行形势与政策教育的通知》，并决定从1986年起，高校的马克思主义理论课程由"老四门"过渡到更加适应新形势的"新四门"。

1987年10月，国家教委在此基础上又印发了《关于高等学校思想教育课程建设的意见》，进一步将高校思想品德教育课程规范为五门课程，即"形势与政策"、法律基础、大学生思想修养、伦理学和职业道德。

随着国际国内局势的变化，1987年3月17日，国家教委在《关于进一步改革高等学校马克思主义理论课（公共课）教学的意见》中旗帜鲜明地指出，坚持四项基本原则，深入、持久地反对资产阶级自由化，帮助青年学生逐步树立正确的世界观和人生观，使之沿着正确方向健康成长是马克思主义理论教育的任务，也是当前社会形势的必然要求。

1987年5月中共中央印发《关于改进和加强高等学校思想政治工作的决定》，在总结前些年高校思想政治工作经验与教训的基础上，针对高校学生的思想实际，明确提出了高校思想政治教育的目标、方向与职责，即高等学校培养出来的大学生、研究生应当有坚定正确的政治方向，爱祖国、爱社会主义，拥护中国共产党的领导，努力学习马克思主义；应当热心于改革和开放，有艰苦奋斗的精神，努力为人民服务，为实现具有中国特色的社会主义现代化而献身；应当自觉地遵纪守法，有良好的道德品质；应当勤奋学习，努力掌握现代科学文化知识。还要从他们中间培养一批具有共产主义觉悟的先进分子。

1988年5月24日，国家教委《关于高等学校开设"形势与政策"课的实施意见》中要求，各高校在教学中注重加强和改善学生思想政治教育工作，一方面要恢复正常的马列主义、毛泽东思想理论课的教学工作，另一方面要注重把学生思想政治教育同专业教学相结合。同时结合学生的思想实际，选择学生的疑点、难点和热点，有针对性地进行教学。这一阶段高校思想政治教育的特点之二，是发展了高校思想政治教育的学科体系。

1987年5月，中共中央《关于改进和加强高等学校思想政治工作的决定》中指出，大学生思想政治教育是一门以马克思主义理论为基础的综合性和实践性都比较强的科学，要求高校办好思想政治教育专业，创造条件培养这方面的硕士和博士研究生，为培养思想政治教育专门人才开辟一条新路。

同年9月，国家教委印发了《关于思想政治教育专业培养硕士研究生的实施意见》。这一年除将思想政治教育学科专业列入普通高校社会科学本科专业目录外，还批准10所高校于1988年开始招收该学科硕士研究生，同时还批准中国人民大学、北京大学、清华大学、上海交通大学、哈尔滨工业大学等高校试办马克思主义原理、中国革命史、中国特色社会主义建设等方向的研究生班。

1988年，国家教委批准中国人民大学挂靠在科学社会主义学科博士点上招收马克思主义理论教育博士研究生。截至1989年，开设思想政治教育、政治教育两个本科专业的学校达62所。1990年，国务院学位委员会第九次会议通过了《授予博士硕士学位和培养研究生的学科专业目录》，在法学门类政治学一级学科下正式增设马克思主义理论教育、思想政治教育两个硕士授权学科专业。

这一时期，全国高校获得上述两个二级学科硕士学位授予权的学科点各有35个。1996年又正式批准武汉大学、清华大学增设马克思主义理论与思想政治教育博士学位授权点。中国人民大学马克思主义原理博士点调整为马克思主义理论与思想政治教育博士点。至此，我国思想政治教育学科形成了正规化培养思想政治教育专门人才的从本科到硕士、到博士层次的完备学科体系。

第三节　中国特色社会主义新时代的高校思想政治教育

一、高校思想政治教育的强化与改进阶段（2005—2011）

高校思想政治教育不是停滞不前的，而是不断往前推进。伴随着高校思想政治教育所处环境的变化，高校思想政治教育的措施也会因时而变、因势而新，因此分析高校思想政治教育的政策举措需要结合其时代背景。进入21世纪，"85方案"和"98方案"的实施为高校思想政治教育奠定良好基础，但错综复杂的国际形势对高校思想政治教育提出了新要求，网络普及化增加了高校思想政治教育的育人难度，高校思想政治教育自身仍存在一系列亟待解决的问题。面对种种难题，党中央做出了有力的回应，采取了一系列举措。

（一）"85方案"和"98方案"的实施为高校思想政治教育奠定良好基础

高校思想政治教育在实施"85方案"和"98方案"后积累了一定的经验，

取得了一定的成就，高校思想政治教育的发展也有了一定的基础。邓小平理论和"三个代表"重要思想的指导地位日益巩固，学科建设扎实推进，已构建了成熟的本硕博思想政治教育专业学科体系。教材建设取得成效，教材不断更新，及时吸收理论研究最新成果。教学方式方法逐步改进，结合当代学生成长环境，遵循学生认知规律，符合学生倾向喜好，逐渐为学生所接受。也开始关注到社会热点，寓教育于社会事例，思想政治教育的生动性得到增强。教师队伍建设得到加强，思想政治工作队伍中不仅注重培养专职教师，也发展兼职教师，发挥多种力量的作用。在育人方面，高校思想政治教育也取得巨大成绩，在引导大学生树立正确的信仰、坚定"两个必然"的信念、提高思想道德修养等方面发挥了重要的作用。此外，高校通过实施"85方案"和"98方案"，绝大部分大学生都是积极健康向上的，这些无疑都为强化和改进高校思想政治教育奠定了良好基础。

（二）错综复杂的国际形势对高校思想政治教育提出新要求

经济全球化是指多国之间进行经济交流与合作。步入21世纪以来，经济全球化已是大势所趋，参与经济全球化也是应时代所需。但参与其中对我国来说是一把双刃剑。经济基础决定上层建筑，经济的变化同样会影响到高校思想政治教育的开展。经济全球化拉近国家之间的距离，促进交流与合作，为我国高校思想政治教育学习其他国家的经验提供有利条件。必须承认，在世界经济与贸易中，西方发达国家占据主导地位，在各国经济贸易与活动中，西方发达国家是主要的受益者和强权垄断者。西方发达国家凭借着经济发达和科技领先优势，在人才和资源的竞争中占据有利地位。长期以来西方发达国家在经济环境中掌握话语主导权，给中国经济造成消极影响。高校思想政治教育需引导学生正确看待、理智分析西方发达国家的观念，而不是被西方发达国家一时的假象迷惑，被他们极力鼓吹西方资本主义的优越性所欺骗。

在经济全球化不断深入的环境下，如何引导大学生根据实际情况把握社会主义建设的规律，是高校思想政治教育亟须思考的问题。

21世纪初期世界政治格局呈现多极化状态。在政治向多极化发展的格局下，虽然没有了大国争霸，但在相当长的时期内，各种政治力量在国际舞台上相互较量，随时有可能出现地区冲突和局部战争。因此，在世界各种政治力量互相较量的环境下，推动我国高校思想政治教育的发展是有一定难度的；并且大多数时候高校是政治事件的发源地和传播中心，政治观点针锋相对，影响着大学生的政治判断。但大学生有着强烈的爱国热情和社会责任感，政治敏感度高，关心时事政治且热衷政治。因此，国际政治上任何的风吹草动都极有可能影响大学生的政治思想和行为。在政治多极化曲折发展的环境下，如何引导大学生运用自身政治判断力理智分析国际政治的斗争，是高校思想政治教育必须认真研究的重大而紧迫的课题。

进入21世纪以来，随着经济和政治发展取得重大成就，文化也在潜移默化中发生改变，社会上出现多元的文化思潮。如人们的地球村意识不断增强，为大学生了解世界各国、学习其他文化提供了便利，各国文化也得到了交流与传播。在与其他国家学生的交流过程中，我国大学生的能力也得到了提高，在了解世界的同时也让世界了解了我们。当然这些交流并不只有积极影响，也有消极影响。各种思想文化都是自由传播的，借此机会西方敌对势力灌输资本主义意识形态，企图瓦解我国的意识形态，因此如何引导大学生学习正确文化思潮、抵制错误文化思潮和增强文化自信是高校思想政治教育需要达到的新要求。

（三）网络普及化增加高校思想政治教育的育人难度

随着网络的普及，社会中每件事物几乎都与网络相联系，逐渐成为无处不网的社会。尤其是在思想文化传播上，网络的作用愈加明显。互联网为广大网民提供一个自由获取信息和交流信息的平台。特别是接受过高等教育的大学生，他们接受新事物较快，善于利用网络接受信息和传播信息，这对他们的思维发展和行动开展都会有一定的影响。

其一，复杂多样的网络文化对学生的辨别能力要求更高。

网络信息不是封闭的，而是公开面向大众的。每一种声音都可以在网络上发出，因此在文化传播过程中，难以避免有激烈的文化碰撞。同时，网络信息传播速度快且信息变化大，按照固定的模式和单一的价值观念是无法对瞬息万变的网络信息做出判断的。在网络上，大学生不是被动接受教育者想要灌输的内容，而是主动地发现新信息和理解新信息，有着独立的是非标准。通过网络这一媒介，世界各国价值观念的传播更为便利，对大学生的冲击更直接。因此，面对多元的价值取向和价值选择，大学生如何正确做出抉择更不容易。

其二，西方资本主义国家利用互联网进行价值渗透对大学生的健康成长构成威胁。西方资本主义大国已经认识到互联网的重要性，并将互联网作为思想政治宣传工具，对我国进行价值渗透。而大学生有着特有的身心特点，如思想活跃、变化大，对新鲜事物好奇心强，对西方文化和价值观念接受快，容易受其蒙蔽，甚至迷失方向。而且，之前我国关于马克思主义理论的宣传重心一直在传统媒体上，利用互联网进行宣传起步较晚、缺乏经验。

其三，互联网上的错误信息也给高校思想政治教育造成巨大冲击。网络自由化虽然给网民带来了自由，每个人都可以发表言论，但也带来了困扰，一些错误信息和反动言论也在网上广泛传播。在网络尚未普及的时代，大学生接收信息的渠道都是官方渠道，都是党和政府层层过滤的渠道，消极腐朽信息难以传播到学生之中。而在信息网络化时代，学生了解信息的渠道更广，难以避免会接收到信息垃圾，这对于学生形成正确的"三观"是极大的阻碍，高校思想政治教育需要思考如何减少甚至消除信息垃圾对大学生的消极影响。

二、高校思想政治教育在新时代的创新与完善（2012—今）

（一）"两个一百年"奋斗目标要求高校思想政治教育培养优秀接班人

实现"两个一百年"奋斗目标不是喊喊口号就能实现的，需要一批又一批人才的支持与推动。因此，习近平总书记在党的二十大报告中提出，人才是第一资源，培养造就大批德才兼备的高素质人才是国家和民族长远发展大计，要实施科教兴国战略，强化现代化建设人才支撑。站在新的历史起点上，我国正加快探索人才自主培养的新路，不断塑造发展新动能新优势，为全面建成社会主义现代化强国筑牢人才之基。在新的历史条件下，人才的培养首先要教会学生如何做人。有才无德是社会危险品，是社会之毒瘤。高校是培养人才的主阵地，而高校思想政治教育的开展关系到人才思想品德的培养。高校在提高学生专业能力的同时，也需要注重提高学生的道德素质，让学生德才"两条腿"走路，成为优秀接班人。

全面建成小康社会所要求的不单单是经济发展水平的提高、政治制度的完善等，它对全民的道德素质提出更高的要求，要求公民不管是在公共社会有他人约束时还是个人独处时都应坚守道德底线，实现品德提升。而高校思想政治教育正是培养具有社会公德和个人品德的公民的重要渠道。此外，努力实现全面建成小康社会目标，全面发展涵盖的范围包括经济、政治、文化以及个体，高校思想政治教育对于人的全面发展起着重要的促进作用。因此，只有培育出品德高尚、全面发展的公民，才能实现全面建成小康社会，而培育合格公民离不开高校思想政治教育工作的开展。

第二个"一百年"目标所要建设的现代化国家需要实现经济富强、政治民主、文化文明、社会和谐。值得注意的是，社会和谐需要意识层面跟进，需要公民内心认同道德法则并自觉遵守，融入日常行为举止中，全民共同营造和谐社会。而高校思想政治教育更多的是意识教育和价值观培育，因此实现第二个"一百年"目标离不开高校思想政治教育培育德、智、体、美、劳全面发展，拥有正确价值观的优秀接班人。

（二）错误社会思潮的传播冲击社会主义核心价值观

目前，全人类共同经历着百年未有之大变局，各国之间的联系越来越密切，经济全球化、政治多极化和文化多样化发展更加深入，国际社会正处于大变革时期。随着社会的发展进步，世界文化呈现出百家争鸣状态，社会思潮出现多元化趋势，这对我国的影响是多角度、全方位的。

随着我国国际地位的提升，不少西方国家企图通过扰乱我国意识形态来阻碍我国的发展，企图用所谓的自由、人权对青年学生进行思想渗透。由于部分大学生难以辨别其政治阴谋，不能正确分析社会主义与资本主义的区别，容易被西方错误的意识形态影响，动摇社会主义政治立场，从而导致在价值信仰上出现问题。从世界的发展趋势来看，正面武力冲突已不是世界发展趋势，但不能忽视意识形态领域之间的斗争。如一些别有用心的西方国家通过宣扬自身意识形态来混淆各国的意识形态，冲击着我国以马克思主义为指导的意识形态，阻碍了高校思想政治教育工作的开展，冲击着学生的价值观，同时西方腐朽落后的金钱至上、贪图享乐、自私自利等思潮也有抬头迹象。在信息时代下，几乎每个大学生都会上网，网络的便利为西方国家进行意识形态渗透提供了便利性和隐蔽性。这些腐朽落后的社会思潮冲击着主流意识形态和社会主义核心价值观，以及反反复复出现的历史虚无主义也给高校思想政治教育工作带来阻力。

（三）新时代社会主要矛盾使高校思想政治教育更加重视主体需求

新时代下，解决我国社会主要矛盾的目的主要在于满足人民对于美好生活的需要。由此可见，人民的基本生存需求已经得到满足，其需要和追求越来越注重质量的提升，注重自身的心理感受。社会主义矛盾的转化反映到高校思想政治教育上，也就是高校思想政治教育需满足教育主体对于更高层次的价值观念追求和道德理想追求。因此，高校思想政治教育要满足教育主体的需求，必须先关注到其真正的需求，而不是老调重弹、大水漫灌。

一方面，关注主体需求的内容。新时代的高校思想政治教育不再满足于解决物质文化领域的问题，而是更加侧重以道德精神为内核的思想困惑的解决、自由个性的发展、思想道德水平的提升、价值判断力的提高、正确价值观念的树立等精神文化层面的提升。个体的思想影响个体的行动，个体思想上的困惑如果不能得到及时解决，那么个体有可能做出错误行为。从源头上解决学生的思想困惑是高校思想政治教育的治本之策。尊重教育主体自由个性的发展，高校思想政治教育不是培养工具人，而是培养独特的个体，帮助个体实现精神文化层面的增长。

另一方面，关注主体需求的结构。高校思想政治教育所面对的教育主体不是单一固定的，其所面对的教育主体的成长环境、学历结构、专业背景、身份地位等方面都有差异。学历层次方面有本科生、硕士生、博士生，学科类型方面有文科生和理科生，身份地位方面有学生群体和教师队伍。因此，高校思想政治教育需关注到不同主体的不同层面的精神文化需求，满足主体不断发展变化的需求。因此，新时代主要矛盾要求高校思想政治教育满足教育主体日益增长的美好生活需要，满足高校思想政治教育主体对于更高层次的价值观念和道德理想追求的需要；反过来，高校思想政治教育在一定程度上也会促进新时代主要矛盾的解决。

（四）教育现代化为高校思想政治教育创新提供了强大动力

新时代，我国教育现代化的发展速度得到提升，从国内成就看，国民素养得到全面提升；从国际效果看，教育在国际上的影响力日益增强。教育现代化表现在三个方面，分别是教育理论现代化、教育目标现代化和教育影响力现代化。

1. 教育理论现代化

从传统到现代，教育理论经过了一个不断继承和发展的过程。从以毛泽东同志为核心的党的第一代中央领导集体开始，建立中华人民共和国，建立社会主义教育制度。

到了以邓小平同志为核心的党的第二代中央领导集体时期，教育事业紧跟改革开放的步伐实现新发展。随后以江泽民同志为核心的党的第三代中央领导集体跟上21世纪的步伐，打造具有中国特色的教育体系，为中国特色社会主义服务。到了以胡锦涛同志为总书记的党中央领导时期，教育理论紧密结合科学发展观，开启科学发展的新局面。以习近平同志为核心的新一届中央领导集体充分体现了党的意志、人民意志、国家意志的高度统一，在继承先前教育理论发展经验的基础上坚持吸收最新理论成果，不断丰富完善教育理论。教育理论的现代化为高校思想政治教育创新提供正确的理论指导。

2. 教育目标现代化

教育目标从新中国成立初期的满足社会、集体需要变为现在促进人的全面发展。教育目标根据社会发展和学生身心特点不断调整变化，最终形成"德智体美劳"全面发展的教育目标。进入新时代，教育现代化更加注重人的全面发展的价值回归，提出教育的核心是人的现代化，教育围绕人民而发展，进一步提出教育的发展方向是培育出"德智体美劳"全面发展的社会主义接班人。教育目标的现代化为高校思想政治教育的创新指明方向。

3. 教育影响力现代化

我国教育的影响力已经从本国扩散到国际，蕴含中华民族智慧的中国特色教育发展模式和体系在国际舞台上已经占据一席之地。在国家之间的文化交流与合作过程中，中国特色社会主义教育的国际影响力不断扩大，如何讲好中国故事、传播中国文化、扩大教育对外开放的领域等都是高校思想政治教育需要思考的问题。可见，教育影响力的现代化为高校思想政治教育创新提供新的可能。

第三章　新时代高校思想政治教育发展的机遇

随着社会的进步与时代的发展，高校思想政治教育工作占据着越来越重要的教育地位，高校思想政治教育面临着一系列的发展机遇。本章分为新时代高校思想政治教育发展的时代背景、新时代高校思想政治教育发展的新机遇两部分。

第一节　新时代高校思想政治教育发展的时代背景

一、经济全球化

我国的经济一直在非常快速地发展，在这种情况下，经济全球化这种趋势势不可挡。在这个过程当中出现了非常多的外来文化以及新价值观等，它们与我国的传统文化及价值观一直处在碰撞以及融合的状态中。在经济全球化的大背景之下，其政治方面以及文化方面也会遭受一定的影响。这样一来，教育环境和之前的单一化环境相比就会变得更加复杂化。

（一）社会阶层的改变

在之前，我国的经济形式非常单一化，这样社会阶层也变得比较单一。在这个过程当中，教育对象只包含农民、工人、学生、军人以及干部等，面对这些群体，高校思想政治教育工作在开展过程中变得非常简单。但是，在经济全球化的深入发展背景下，工人们不再享有"铁饭碗"的待遇，农民不再只是务农，非常多的外企进驻到国内，民营科技企业也大量涌现，社会上出现了非常多的新兴职业，比如一些自由职业人等。同时出现非常多的社会阶层，如何对这部分人实施思想政治教育，这对所有的思想政治教育者来说都是非常大的挑战。

（二）主体意识的增强

随着经济的发展以及生活水平的不断提高，人们对自我需求更加重视，人们的主体意识一直在持续地强化。面对这种情况，我们在实施思想政治教育的过程中不可以实施规劝式以及强硬的灌输式教学模式，而需要逐渐地向对话式教学模式转变；要逐渐地摆脱思想政治教育的工具性，要对人文关怀重视起来，真正做到从本身出发，这样才可以做到全面为大众服务。

二、经济市场化

市场化导致经济成分和经济利益的多样化，经济成分和经济利益的多样化导致社会阶层的多样化，而社会阶层的多样化也会导致产生多样化的生活方式、行为方式和思想观念。

（一）中国经济市场化成果丰硕

我国经济市场化改革在各个方面都取得了重大的成果。党的二十大强调"充分发挥市场在资源配置中的决定性作用"，这一观念使"市场"的作用得到了一定的强化。在进行全面深化改革的重要时期，不仅要在很大程度上使国家的宏观调控有所减少，而且还要使政府在资源配置中所起的作用有所减弱，并且还要对市场的作用予以充分强调。

（二）促进了社会结构的多样化

21世纪是我国社会主义市场经济发展的关键时期，在建立社会主义市场经济体系的基础之上进一步深化改革，并不断完善社会主义市场经济体制，是发展我国经济和改革经济体制不可动摇的方向。社会主义市场经济的发展在很大程度上解放和发展了生产力，促进了社会结构的多样化，使经济领域充满了生机与活力，使竞争、效率、平等、开放等意识深入人心。但是由于市场经济自身的缺陷和我国经济体制改革中存在的问题，有一些与市场经济相伴而生的不良现象出现，在一定程度上影响了高校思想政治教育工作。

三、文化多样性

文化的多样性首先表现在主文化、亚文化以及负面文化在文化市场中的共存上。所谓主文化，顾名思义，即在社会中占据主导地位的文化，使一国的根本价值观得到了充分体现。所谓亚文化，即在整个社会中不占据主要地位，而只在特殊群体中受到推崇的文化，体现了在社会转型加速期社会价值观念的分化。所谓负面文化，即完全不同于主文化的文化，并且这一文化也不能对人们的日常生活起积极作用。

不仅国内各种文化的共存体现了文化的多样性，而且国内外多种文化共同发展的特征也体现了文化的多样性。当代中国的先进文化，是在对我国的传统优秀文化进行继承和创新的基础上，始终代表最广大人民群众的根本利益和时代要求的文化，是坚持马克思主义指导思想和中国特色社会主义价值观的文化。当然，在我国发展先进文化的过程中，不仅要摒弃我国传统文化中的落后部分，并且还要积极吸收国外优秀文化中的精华，从而更好地发展我国的先进文化。

如今，文化的多样性不仅极大地丰富了社会文化的内容，而且也在很大程度上满足了人们对精神文化不同层次、不同类别的需求。在一部分人看来，文化多样性在一定程度上冲击了他们的价值观，尤其是对那些没有树立正确的价值观念的大学生而言，随着文化的快速发展，他们不容易形成科学的人生观和价值观，这也给高校思想政治教育带来了很大的挑战。

第二节　新时代高校思想政治教育发展的新机遇

一、经济全球化给高校思想政治教育发展带来的新机遇

（一）经济全球化为思想政治教育营造良好的政治环境并奠定思想基础

经济全球化的发展推动了世界各国的相互联系和普遍交往，增进了国家之间的相互了解与合作，和平与发展成为当今世界的主题。虽然社会主义国家和资本主义国家之间在意识形态、政治制度上的矛盾与对立依然存在，但随着经济全球化进程的发展，世界经济已日益形成一个"你中有我，我中有你"的不可分割的有机整体。任何一国的发展都离不开其他国家的发展，对抗带来的是两败俱伤，唯有对话、交流与合作才会互利互惠、实现共赢。因此，发达资本主义国家从其自身利益的角度出发，也需要与包括社会主义国家在内的广大发展中国家加强交流与合作，共同解决世界经济发展和其他诸如生态危机、环境恶化、国际犯罪及恐怖主义等世界性问题。这就为社会主义的发展赢得了较为有利的国际和平环境。

在经济全球化背景下，我国对外政策更加注重"和平解决争端"；在意识形态上，既讲斗争又重视发展自己的战略思路有利于我们在抵制西方腐朽思想文化

的同时,学习其优秀的文化成果,为思想政治教育创新提供养分。同时,随着中国加入世贸组织,与国际接轨的步伐加快了,政府决策和行为的透明度不断提高,法治建设的完善和政府职能、管理方式的改变为思想政治教育创造了良好的政策制度性环境。随着社会主义市场经济的发展和完善,我国经济实力不断增强,人们的行为和心理状态以及思维方式都随之发生了积极的变化。这无疑有助于我们在更深层次上认同全球的理念、民主的理念、科学的理念、法治的理念、道德的观念,增强主体意识、竞争意识,为思想政治教育观念更新提供了更为直接的思想来源。

(二)经济全球化进程为思想政治教育提供了宽广阔的全球视野

随着经济全球化的发展,世界各国的联系日益紧密,相互依赖程度加深,这使发达资本主义国家逐步认识到,发达国家的发展离不开发展中国家的发展;发达国家的长期稳定和繁荣不可能建立在发展中国家贫穷和动荡的基础上;经济全球化问题的解决也离不开发展中国家的参与;世界性的问题需由各个国家联合起来共同解决。新一轮金融危机的爆发及集体应对进一步证明了这一道理。因此,发达国家应该承担起支持发展中国家发展经济和改善全球环境的责任。社会主义国家是发展中国家的重要组成部分,发达资本主义国家不得不重新认识社会主义国家的力量和作用。同时,对于发展中国家来讲,社会主义国家与其具有同样的发展背景和共同的发展任务,在国际舞台上具有共同的利益,从而使社会主义国家尤其是中国在国际政治中的地位不断提高。在与世界各国的频繁交往中,我们不仅能够有更多的机会在更短的时间内引进和学习世界各民族优秀文化的最新成果、先进的管理经验和现代科学技术,也能够更直接、更全面、更客观地了解和认识当代资本主义,使我们能够在更加科学的意义上和更为科学的形态上构建思想政治教育新理念。在这个过程中,一些有利于经济发展的思想理念正逐步被大学生接受和强化,并被引入高校思想政治教育中来,成为开展思想政治教育的重要资源,如效率观念、生态环保观念、民主法治观念、良性竞争观念、合作共赢观念等。这些思想理念在经济全球化背景下都将被纳入高校思想政治教育的视野之内,成为思想政治教育内容的组成部分。高校思想政治教育的内容在经济全球化背景下不断地丰富起来。

二、新媒体给高校思想政治教育发展带来的新机遇

（一）增强了思想政治教育的时效性

高校进行思想政治教育的方式一般是通过课堂授课。课堂教学一般是教师与学生面对面进行，分为小课堂和大课堂，一个老师面对十几个、几十个甚至是上百个学生。每一名大学生都是受教育的主体，他们思维的方式、性格特点以及接受知识的程度都是不同的。这种一对多的课堂授课方式只能满足学生的一般需要，而很容易忽视学生的个性和特殊需要。而且这种一对多的授课方式受到时间和课时的严格限制，在有限的时间内很难将问题阐述得既完整又能照顾到每个学生，即使学生有问题询问教师，也不可能保证每个学生都有这样的机会。目前，思想政治教育效果与大学生的期望和要求相比还有一定的差距，思想政治教育仍有持续改善的空间。

新媒体的即时性和开放性使思想政治教育信息在传播的过程中能够跨越各种障碍，教育者可随时随地利用互联网和智能手机，通过QQ、微信等即时通信软件将全球各地发生的热点问题、公共事件在第一时间内传播给学生，引发学生思考和讨论。新媒体的互动性使学生能够在几秒内收到教育者推送的信息，并可以在任何有网的地方将自己的看法通过网络平台反馈给教育者。这种便捷的联系方式使教育者能够及时掌握学生情绪，可以根据学生的反馈第一时间调整教育内容和教育方法，及时掌握学生思想动态。另外，新媒体的虚拟性使得大家都是以匿名形式进行交流的，学生可以在网络平台上畅所欲言，大胆说出内心真实想法，这就大大减少了教育者花费时间和心思去揣测和了解学生内心感受的成本，有利于思想政治教育者用最少的时间有的放矢，有针对性地进行思想政治教育，提高了工作效率，更好地完成思想政治教育工作。

（二）促进了思想政治教育资源的共享

新媒体时代各种信息传媒层出不穷，它的超大信息量使思想政治教育内容丰富而全面，具有更强的客观性和可选择性。同时，新媒体的即时性克服了传统媒体信息传递时效性比较差的缺点，使思想政治教育工作者可以在第一时间内把信息资源通过专门的网站、网页、电子邮件等传递到网络空间，供学生浏览、学习，大大提高了教育和工作的效率。

新媒体的不断发展使思想政治教育内容的形态从平面化走向立体化，由静态变为动态，从现实走向网络。思想政治教育工作者可以通过面对面的形式，也可以通过手机媒体、电脑网络媒体与大学生进行交流、沟通。

新媒体也扩大了思想政治教育的覆盖面和影响力，使大学生在通过新媒体获得广泛的社会信息的同时，也能接受思想政治教育信息，受到思想政治教育的影响，从而不断提高思想道德素质，大大增强思想政治教育的影响力和有效性。

（三）增强了思想政治教育的可接受性

在高校思想政治教育工作中，教育者与被教育者之间的信任程度是影响和制约教育效果和教育质量的重要因素。在传统的思想政治教育关系中，师生之间缺乏有效沟通与良性互动，导致高校思想政治教育效率低下。

新媒体作为一种现代化的交流平台，打破了现实世界与虚拟世界之间的界限，从根本上改变了人们的交往方式。角色虚拟使交往者保持着相对平等的心态，平等地利用微博、QQ等工具自由地畅谈自己的思想、观点，对自己感兴趣的话题发表真实的建议和看法，赞成什么、反对什么都可以在网络中表达，畅所欲言。因此，在思想感情传达上，交往者可以直抒胸臆，容易达到交往的较深层面。新媒体条件下教育者与受教育者的交流也是如此，借助微博、QQ等新媒体能够减少大学生的思想顾虑和心理负担，使其敞开心扉说实话，自由发表意见、观点。因而也带来了双方在人格、权利和地位上平等的感觉，有利于形成一种融洽轻松的氛围，从而消除师生之间的隔阂，增加师生双方的信任程度，使思想政治教育能有良好的教育效果。

同时，在新媒体环境中，角色还可以互换。在网络中选择和吸收各种思想政治教育信息时，参与者是以受教育者的身份出现的。而在参与网络各种信息的制作、发布等网络实践活动中，将自己的思想、观点、看法及信息传播出去时，参与者又成为教育者。这非常有利于教育者从中了解大学生的真实想法，从而使思想政治教育工作做到有的放矢，也有利于对相关问题进行较为深入的探讨，增强思想政治教育的实效性。

（四）提高了思想政治教育主客体信任度

大学阶段的课程相对较为分散，学生自由度比较高，高校师生之间交流较少，彼此信任度不够，思想政治教育工作的开展显得更加艰难。学生不愿意和教师交流生活中的困难和学习上的压力，也不愿意吐露自己的心声。教师如果不能采取有效措施把握学生心理问题，思想政治教育的目标自然无法实现。新媒体时代到来后，师生之间通过网络、社交平台等有了更多沟通和交流，相比以前只有上课才能见面的情况，现在的师生更乐于频繁地进行学术探讨和生活交流。必备的联系方式成了沟通的桥梁，学生在朋友圈感叹压力大的时候，教师可以及时发现并进行心理疏导。教师通过微博发布一篇文章，学生能第一时间阅读并分享心得。可以说新媒体时代"零距离"的联系和沟通拉近了师生间距离，增加了师生之间的信任度，使得思想政治教育工作能随时随地开展，相比以前也能取得更为有效的成果。

新媒体促进了大学生的相互交流。新媒体时代的一个最显著的特征就是人与人之间的交流变得更加容易和方便，网络的快速反应和传达，各种社交平台的不断出现，使得人与人之间真正实现了即时沟通、"零距离"接触。人们通过一台电脑、一部手机、一个软件，就能实现距离上千公里之外的即时通信和在线交流。发展到今天，通过社交平台和朋友、亲人进行交流已经几乎成了人人必备的技能，大学生作为新鲜事物的快速接收者，也能通过网络化平台走出校园，结识更多志趣相投的朋友。通过这样的平台，很多现实中性格相对内向的大学生有了更多表达自己想法的途径，弥补了日常生活中情感表达的不足。新媒体时代是一个沟通的时代、交流的时代，交流促进成长，高校大学生能在与他人沟通交流的过程中学习他人的知识和想法，不断地丰富自己。

（五）为思想政治教育提供了更加广阔的平台

百年大计，教育为本。当前，高校思想政治教育的目的是健全大学生价值体系，培养符合社会主义核心价值观的全面人才。马克思主义强调生产力决定生产关系，而科学技术是第一生产力。新媒体时代的到来是科技快速发展的结果。越来越先进的科学技术、媒体平台、社交网络在改变我们的生活方式的同时，我们也应该思考如何将新媒体技术应用到高校思想政治教育工作当中。开拓新的思路、打造更先进的教育平台是高校教育工作的新形态，也是新媒体时代高校思想政治教育工作迎来的新契机。新媒体有利于完善大学生的知识结构。在进入新媒体时代以前，大学生接触知识的途径主要是课程和书籍，内容比较单一和枯燥，容易形成相对封闭的知识结构。因为信息获取具有局限性和滞后性，可能会导致大学生缺少与外界的交流，思想观念比较落后，知识结构不够全面。新媒体时代为大学生提供了更为广阔的交流平台和更方便的知识获取途径，高校大学生可以通过网络汲取更多的营养。其学习途径不再局限于课堂和图书馆，大学生能够接触到更开放的文化、更先进的思想、更丰富的知识。高校大学生对于新媒体有较强的接受能力和学习能力，所以在新媒体时代，网络平台对于大学生丰富优化的知识结构起到了良好的促进作用。

（六）增强了思想政治教育工作的开放性和自主性

当新媒体的开放性与高校思想政治教育结合后，高校思想政治教育变得更加开放，一改传统教育方式和教育模式，使传统的信息获取渠道由单一变得更加多元化。当今社会，新媒体的开放性和自主性使得人们能够多元地表达个人思想，成为进行思想政治教育的新手段、新载体。在新媒体迅速发展的时代，高校大学生作为新文化的排头兵，他们运用新媒体获取信息的能力走在了时代的前列。新媒体时代大学生表达话语权的空间日益增大，日渐提升的话语权使得他们在民主、平等的思想政治教育环境中与社会上不良事件及风气作斗争，表达着自己的政治价值观。

网上思想政治工作要坚持网上宣传的主旋律，研究宣传形式的多样化问题，以适应网上思想政治工作的需要，不断改进方式方法，努力增强说服力、影响力和战斗力。思想政治教育工作者要充分利用网络得天独厚的优势，找准时代的脉搏，弘扬时代的主旋律，在新形势下发挥思想政治工作的"服务保证"作用。

高校思想政治教育在新媒体技术的助力下，借助学科力量、教育者的力量对大学生进行思想政治教育。在新媒体的作用下，教育者与受教育者的地位处于平等状态，这种平等包含平等的地位、平等的交流。这种教育模式使受教育者的主体能动性受到尊重，发挥了他们学习的主动性、创造性。

（七）拓展了思想政治教育工作的空间、领域和模式

新媒体为高校思想政治教育工作开辟了新领域和新空间。数字技术、计算机网络技术和移动通信技术等使新媒体形成了巨大的网络体系，具有资源丰富、信息容量大、传输快捷和交互性强、形式多元、覆盖面广等优势，较之以往任何一种传播技术和交流工具都有了根本性跨越。大学生借助多媒体手段可以跨越时间和距离实现思想交流、感情传达。在这一新的领域，随着思想政治教育内容的不断丰富，思想政治教育形式变得越发多样，形态变得更加无形，形势变得更为复杂，难度变得越来越大。新媒体使家校联系在一起，通过新媒体手段，家长可以做到随时随地了解学生在学校的生活、学习状态，这样可以使思想政治教育保持一定的连贯性。开展新媒体时代的高校思想政治教育，高校可以借助信息网络平台建立自己的思想政治教育网站，积极利用网站的信息传播空间进行思想政治教育宣传工作，对大学生进行卓有成效的思想政治教育。同时，

大学生可以借助思想政治教育网站了解时事政治，丰富和提高自己的思想道德素养。

新媒体为高校思想政治教育工作创建了新平台。传统的思想政治教育形式局限于课堂、交流会、面对面的谈话等形式，这使得教育形式单一化，同时也受到时间、地域的局限。新媒体时代，高校思想政治教育可以借助新媒体技术突破时间和地域的限制，借助丰富的、多样的思想政治教育内容对高校大学生进行教育。新媒体时代发展出一系列的社交方式，例如QQ、微信、微博、网络论坛等，这些社交方式具有快捷、灵活、互动性强的特点，在高校思想政治教育的过程中发挥了重要作用。

新媒体为高校思想政治教育工作提供了新模式。传统的教育模式由于缺乏时代特征，已经不能与新媒体的时代特征完全接轨。传统的思想政治教育模式是一种单向的模式，是一种"一刀切"的模式，更多是一种指令性的教育。新媒体背景下的思想政治教育模式是一种双向的模式，借助新媒体技术，这种交流模式能够通过图片、文字、视频、音频等声情并茂的形式进行信息传达。新媒体时代的教育模式做到了"两结合"，一是将高校的校园文化与新媒体文化相结合，在发展新媒体技术的同时，促进高校的文化建设，丰富校园文化内容，拓展校园文化内涵，延伸校园文化功能。二是将大学生的成长与新媒体文化相结合，不断提升大学生思想道德素质，促进大学生将"现实"与"虚拟"结合，促进思想政治教育与新媒体价值影响的相互协调，在丰富高校思想政治教育内涵的同时，更好地营造健康向上、积极文明的高校文化氛围。

三、互联网给高校思想政治教育发展带来的新机遇

网络的平等性、交互性、开放性、便捷性和可选择性对大学生的思想观念产生了积极的影响，并为高校思想政治教育工作带来了难得的发展契机。

（一）互联网变革着高校思想政治教育观念

第一，网络变革着思想政治教育方式，使其由单向灌输式向对话交流互动式转变。网络的平等性和交往的互动性大大改变了传统的教育模式，使思想政治教育工作者与受教育主体进行双向对话交流、即时互动，有利于双向了解，更能彰显受教育主体的主体性和主动性。

第二，网络变革着思想政治教育的类型，使其由"他育"型向"自育"型转变。网络的开放性和可选择性使大学生拥有广泛的自由选择权，选择阅读什么信

息、接受何种思想观念，基本上取决于大学生的意愿和行为。在网络中学生变被动接受为自主学习、自由学习，这一方面变革在使学生的学习观念由"学会"变为"会学"的同时，也使思想政治教育由传统的"他育"型向"自育"型转变。

（二）互联网变革着高校思想政治教育手段

第一，多媒体技术的使用提升了思想政治教育的吸引力。多媒体技术提供了色彩鲜艳的图片、悦耳音响、形象的立体动画及仿真画面，可使大学生犹如身临其境，其思想政治教育知识的感知、教育情感的体验等都是传统的教育手段无法比拟的，使大学生成为真正意义上的德育主体，拓宽了思想政治教育工作的空间和渠道，提升了思想政治教育的吸引力。

第二，QQ群、微信群、微博等网络媒介的广泛运用增强了思想政治教育的针对性和有效性。网络传输的快捷性和交往的隐蔽性有助于双方的沟通和交流，可以把一些平时不方便说或不愿意说的话说出来，避免面对面交流的尴尬，有助于教师迅速、准确地了解学生的思想情绪和他们关心的热点问题，从而加强了思想政治教育的针对性和有效性。

（三）互联网提供了丰富的共享思想政治教育资源

第一，网络可以提供思想政治教育方面的丰富资源。在互联网上，信息资源日益丰富，人们可以利用互联网周游世界，只需轻按鼠标即可查找资料、搜索信息、阅读报刊、相互间"实话实说"。同时，网络信息集知识性、娱乐性、趣味性和政治性于一体，图、文、声、像各种手段并存。如果对这些资源运用得当，可大大提高思想政治教育的时效性和影响力。

第二，网络可以活跃思想政治教育的氛围。网络是开放的、自由的，它不再有地域上的界限，原来相对狭小的教育空间变成了全社会的、开放性的立体式教育空间，不同学校乃至不同国家的学生均可通过网络共享教育资源。同时网络拆掉了学校与社会之间的围墙，使大学生可以及时地了解当今社会的政治、经济、文化发展现状，与社会接轨，在比以往更广阔的社会环境中学习社会知识和积累经验，从而形成网上思想政治教育的良好氛围。

（四）互联网突破了学习时空的限制，加快学习方式变革

第一，与"互联网+"的合作推动了思想政治教育由"一对多"的教育模式向交互模式转变。党的二十大报告中指出："办好人民满意的教育。教育是国之大计、党之大计。培养什么人、怎样培养人、为谁培养人是教育的根本问题。育

人的根本在于立德。全面贯彻党的教育方针，落实立德树人根本任务，培养德智体美劳全面发展的社会主义建设者和接班人。坚持以人民为中心发展教育，加快建设高质量教育体系，发展素质教育，促进教育公平。加快义务教育优质均衡发展和城乡一体化，优化区域教育资源配置，强化学前教育、特殊教育普惠发展，坚持高中阶段学校多样化发展，完善覆盖全学段学生资助体系。统筹职业教育、高等教育、继续教育协同创新，推进职普融通、产教融合、科教融汇，优化职业教育类型定位。加强基础学科、新兴学科、交叉学科建设，加快建设中国特色、世界一流的大学和优势学科。引导规范民办教育发展。加大国家通用语言文字推广力度。深化教育领域综合改革，加强教材建设和管理，完善学校管理和教育评价体系，健全学校家庭社会育人机制。加强师德师风建设，培养高素质教师队伍，弘扬尊师重教社会风尚。推进教育数字化，建设全民终身学习的学习型社会、学习型大国。""互联网＋思想政治教育"推倒了传统意义上的"围墙"，对已有的教育内容、方法、模式等进行了重新设计与组合，使教育资源充分流动。

  传统教育要求受教育者在固定时间、固定地点接受知识，受教育者只有一次聆听的机会，一旦错过就无法弥补。而自从有了微课、慕课等学习方式后，受教育者可以根据自己的情况来调控学习进度，可以随时跳过已经掌握的知识，也可以反复学习自己认为还没有掌握的知识，通过循序渐进的学习方式最终达成学习目标，从而使学习"随心所欲"。

  思想政治教育总是要在一定的时空维度内进行，教育活动的广延性和持续性构成了它的时空维度。受教育者的网络生活为高校思想政治教育工作留下了大量的自由时间和真空地带，构建高校网络思想政治教育长效机制，有助于思想政治教育工作在时间上延长、空间上拓展，营造全天候、全方位的育人环境，扩大高校思想政治教育的覆盖面和影响力。网络媒介作为一种教育工具，在传播思想政治教育信息方面具有交互传播、实时传播、连续传播、广泛传播、多媒体传播等显著优势，方便我们以便捷、直接的方式在高校思想政治教育的各环节加以运用，极大地提高了思想政治教育工作的效率。互联网技术的发展有利于思想政治教育个性化的实现，每个人都可以通过网络自主进行思想政治教育学习活动，并发表意见、反馈信息，而且不受时间、地点、方式的限制。这就从根本上打破了传统思想政治教育模式的局限性，有力推进了思想政治教育工作。

  第二，"互联网＋"本身作为一种教育媒介，有助于创新思想政治教育教学手段，为进行预防教育、掌握教育先机创造可能。"互联网＋"是人为创造的信息资源库，其在思想政治教育领域的出现和应用是教育方式的进步，让思想政治教育的大环境重新充满活力。思想政治理论课的理论性和抽象性要求课堂内容更严谨，要求教育者具有较强的前瞻性和主动性，因此，"互联网+"最显著的预测功能在思想政治教育过程中就被完全体现出来了。"互联网+"分析逻辑认为，事物每一种非常规性的变化发生前一定会有相应的征兆。如果找到了这种征兆与变化之间的规律，就可以对事物发展趋势进行预测。同样地，如果通过文本分析、信息抓取分析出学生的近期情绪状态，很多问题可能就能避免。根据动态信息数据库，"互联网+"可实时反映教育对象的思想及行为动态，通过对数据进行抓取和分析，为进行预防教育、掌握教育先机创造可能。

与此同时，传统教育方式要求教师花费大量时间去管理班级的整体成绩和把控课堂状态，并且还要注意关心个别学生的学情动态，对学困生进行辅导，对成绩优异的学生进行思维拓展，找到适合的课堂教学问题解决方案。"互联网+"被应用到思想政治理论课堂中去，得到学生学习的直接成果，从而分析出学生个体的知识缺陷，这样就节省了相应成本。拿现有的在线教育来说，一方面，学习界面上增加了行为和学习诱导的部分，通过"互联网+"传感器的实时跟踪就可以研究学习者的学习动态，了解到学习者在哪一问题上花费了较多的时间，在哪个知识点上停留较久，哪些题目出错率最高，由此就能分析出学生没有掌握的知识点，从而知道在课堂上哪些知识点需要重复和强调；另一方面，"互联网+"避免了使用烦琐冗长的文字描述和死板的教材分析，而代之以可视化的图表、曲线以及各种构图方式，即时呈现学生价值导向、思想行为动态及其所关注的社会热点等，使思想政治教育课程充满吸引力和感染力。应用"互联网+"技术全程实时分析学生个体和班级整体的学习进度、学情反馈和阶段性成果，从而及时找到问题所在并对症下药，实现对学习过程和结果的动态管理。

在以往惯常的思想政治教育活动中，评判一堂课成功与否往往是根据专家制定的评判标准，忽略了学生的本质需求。专家更多看重的是教学程序是否完整，教学内容是否充实，教学手段是否先进，教育者业务水平是否合格，教学目的是否达到。但作为教育活动的主要施力对象，学生在这一过程中的体验几乎完全被忽略了，甚至是被听课者代替或者假想的，最后能得到关注的大都是成绩。"互联网+"的出现让学生的课堂体验有了量化的表现。与传统思想政治教育相比，"互联网+"完全以数据说话，让教育活动从演绎转向归纳，从而找到真正的教育影响因素。"互联网+"以先进的技术和数据源为支撑，实时跟踪课堂进程，分析学生在课堂中的真实需求和心理感受，以可视化的形式得以呈现，为教研活动提供了鲜活的素材；同时，思想政治教育者也多了一条了解学生的途径和方法，有助于高校思想政治教育工作效率的提高。

四、大数据为高校思想政治教育发展带来的新机遇

（一）丰富了高校思想政治教育资源

首先，传统的思想政治教育资源主要是从教材中获取的，教材也是学生获取教育信息的最主要来源。然而教材往往是对政治理论的凝练和集中表现，对于即时性事件往往存在滞后性。大数据时代的信息数据丰富，高校思想政治教育工作者可以从这些海量信息中获取有用信息，再作为思想政治教育资源运用到课堂教学中。同时学生也会将这些网络数据信息结合自身兴趣进行学习，激发其积极性和主动性，化被动学习为主动学习。

其次，大数据的运用为高校思想政治教育提供了很多学习资源，其中包括多媒体资源数据库、校园网数据库、互联网资源等。例如，可以在网上图书馆阅读电子图书及各类期刊，可以通过校园网学习其中的教学课程，等等。除此之外，学生还可以利用互联网在一些论坛上相互交流与学习。大数据时代为我们提供了多种多样的学习方式和大量的学习资源，学生也由单纯地接收简单的文字，变成接收由图片、影像、文字、声音相结合而成的动态资源，一改原来学习内容的枯燥感，更有利于大学生对知识的吸收和掌握。

最后，大数据具有高度的价值含量，这一特点在思想政治教育中尤为突出。网络上的信息繁杂，需要经过筛选和提炼，才能被思想政治教育有效利用。通过大数据对信息的采集、整理和分析，我们可以更深入地了解学生的需求和兴趣，从而提供更贴近实际、更具针对性的教育内容。同时，学生也可以利用大数据，自主检索并了解各种社会现象、政策动态等信息，从而在潜移默化中提升自己的思想认识和社会责任感。

（二）丰富了高校思想政治教育的内容传播形式

传统的思想政治教育内容大多以书本、报纸、广播为主要形式来进行内容的传播。但是，因为受时间条件、物质条件的限制，产生了信息量不足、信息传递不及时等问题，只能让受教育者了解高校思想政治教育的皮毛，而不能去探索和挖掘思想政治教育内容的精髓。更多的缺陷在于传统的思想政治教育模式仅仅局限于教育者在课堂上传授内容，时间、空间都受到约束，并没有达到高校思想政治教育的主要目的。在现实社会中，思想政治教育的信息传播形式主要是传

统意义上的大众传播媒介，或在课堂中以"我说你听、我教你学"的形式展开。但是，因为一些学生性格内敛、不善言谈，即使有思想、有觉悟或者有思想的"火花"也羞于表达，不会畅所欲言。这就导致了思想政治教育主体无法全面关注学生实时、全面的想法，因此不能因材施教，不能达到高校思想政治教育的目的。数据作为高新技术传播信息资源的基础，其最大的优势在于资源共享，使高校大学生可以随时随地搜索资源。学生可以通过科技产品如电脑、手机、平板电脑将自己所要表达的想法、内容等数据上传，并且可以将动画、音频、视频和文字进行互相搭配，这就为思想政治教育内容更具趣味性、丰富性提供了有利的条件，基本解决高校思想政治教育内容抽象空洞的难题。高校大学生求知欲强、好奇心重的性格和数据传播的快速化和方便化默契配合，能够让思想政治教育的内容更深化。现在许多大学都有官方的微信和微博等数据平台，大学生富有激情并且容易接受新鲜事物，自然而然就会关注学校的微博、微信平台。大学生通过接收数据随时随地关注学校新闻和消息，并且还能够加强与学校的互动交流，高校学生的主人翁地位得以充分体现。不仅如此，社会组织、政府部门等都通过数据平台来表达自己的想法，传播有关的信息使得国家信息更加全民化和透明化。高校学生通过接收数据能迅速地获取有关的资源和有效的科学信息，不仅提升了自己的思想政治觉悟，更使高校的思想政治教育内容得到有效的拓展。

（三）开阔了高校思想政治教育主体的视野

以数据为基础进行信息沟通的方式开拓了思想政治教育者的思维。

第一，数据信息突破了空间的界限。在大数据时代背景下，思想政治教育者对高校学生传授知识不只是在课堂上，更多的是通过高新技术分享数据，把科技带来的便利广泛地用于思想政治教学中，真正地实现全方位、差异化、个性化、定制化教学。

第二，数据信息打破了地理位置的界限。在经济全球化的时代大背景下，数据是基础。高校思想政治教育者可以将自己的专业知识经过搜索引擎提炼出来，借鉴国外的先进教育方法和内容，最大限度地吸取精华、剔除糟粕，这为高校思想政治教育者提高自己的全方位能力以及更好地自我实现创造了良好的条件。

第三，数据信息打破了时间的界限。在数据技术不够发达时，思想政治教育者只能去图书馆或者向有经验的思想政治教育前辈进行讨教。但是，当大数据时代的到来后，网络信息技术的进步使他们只需动动手指，足不出户便能得到自我提升，如上网找找课件数据、资料数据等。

大数据时代的到来使得高校思想政治教育者的思维得到开拓，对于高校思想政治教育者做好本职工作已成为必不可少的条件。在大数据时代，思想政治教育者不但要为学生打牢课程理论的基础，更多是要提高学生在当今社会对于信息的选择能力以及促进其自我价值的实现。

（四）改善了高校思想政治教育的效果

大数据的应用能够增强高校思想政治教育的针对性，提升教育对象的主体性及实施思想政治教育的科学性。

1. 增强针对性

高校的思想政治教育可以通过和大数据技术的结合增强针对性。高校可以通过大数据技术平台对学生的各类数据进行分析整合，有利于思想政治教育教师更加全面、客观地了解大学生学习、生活中的真实思想状态，从而及时调整自己的教学观念和教学内容以增强思想政治教育的针对性，满足不同学生成长成才的需求。

2. 提升主体性

高校运用大数据的分析预测功能，在评估思想政治理论课的主客体方面，融合了高校的行政部门、管理部门、学院的意见及教师、学生等多维因素。在评价内容和过程方面采用定性与定量相结合的方式，提升评价结果的客观性和接受度。高校的教育对象就是在校的大学生，他们是网络用户的主体部分，通过网络进行信息获取、社交娱乐、购物等各类社会活动。大数据时代的新媒体除了方便快捷，还可以实现即时交互，满足高校师生的交流需求和个性差异需求，已经成为广大师生交流信息、传播知识的重要平台。高校的思想政治教育者既要"授之以鱼"，又要"授之以渔"，引导大学生发挥自我教育的自觉性和主观能动性。

首先，大数据的使用对思想政治教育工作起到了促进智能化和便捷化的辅助作用。手机软件"今日校园"已经实现了大量线上功能，包括请假销假、成绩单查询、失物招领、校内调查问卷、校园卡查询、班车时间查询、课表、通知公告，甚至还有部分网易公开课和其他网络课程可供大学生选择，大学生可以在线上一站式解决各类生活问题。这些功能不仅方便了学生的日常生活，也为思想政治教育提供了丰富的素材和便利的平台。

传统意义上的校园广播、校园电视台、校报等媒体不仅成本较高，而且时效性和传播范围都有很大的限制，而微信公众号不但成本低、传播范围广、传播时效性强，在大学生中的受欢迎程度也高，高校学生可以随时随地地参与话题讨论及分享心得体会。微信公众号在大数据时代背景下的这些优势，恰恰符合当前高校思想政治教育的实际需求。

许多高校的图书馆都建立了多功能的微信公众号，学生通过自主操作不仅可以预约阅览室座位和进行图书检索，而且还能扫码续借、荐购图书、查看预约记录和借阅历史等，极大地便利了大学生的阅读，在很大程度上激发了学生学习的积极性和主动性。这些功能不仅提供了丰富的学习资源，也为思想政治教育提供了便利的平台和丰富的素材。

其次，教师在一节课开始前可以通过"学习通"等手机软件收集、归纳问题，课堂讲授结束后同样可以根据学生的课堂表现布置不同的课后练习，按照学生对书本知识的理解掌握程度为其制定更有针对性的学习策略。学校机房的电脑平板的开放也给学生提供了更多机会，他们利用课余时间自己做课件，以小组形式在课上讲解自己的知识总结和学习心得，通过展示内容锻炼自己的表达能力。

最后，教师在课后可以鼓励学生进行实践活动，组成小组合作拍摄微视频，记录校园里社会主义核心价值观的落实情况。教师在期末考核评价时将学生实践活动的参与情况纳入综合考量的范围。这些实践活动在使学生的自主性得到增强的同时，也能够在一定程度上有效改善高校思想政治教育的效果。

大学生普遍追求自由平等的交流方式，而互联网正意味着一种具有开放性、协作性、平等性和共享性的思维方式和精神，改变了以往传统意义上知识垄断、单向传播知识信息的模式，形成了围绕学生不同需求的信息组织方式。高校的信息技术中心可以运用大数据技术精准分析师生的不同需求，在网络上把社会主义核心价值观等重要的意识形态内容以生活化和形象化的方式融入大学生的心中，实施人性化的服务和引导。高校应该以马克思主义理论为指导，充分对大数据技术和相关手段加以运用，帮助大学生在正确理解和认同马克思主义的基础上坚定自身的政治信仰，让大学生把个人成长成才的理想与国家社会的共同理想相结合，使大学生自觉地将实现中华民族伟大复兴视为自身的历史使命。

3. 提升科学性

随着信息技术的不断发展，数据的获取、存储和分析都变得更加便捷，大数据已经逐渐变成人们预测和解决问题的新方法。高校对于大数据的运用可以在一定程度上促进高校思想政治教育时效性的提高，在高校建立更加规范、全面和协调的服务管理体系，推动大学生全面自由发展。

①高校思想政治教育课教师可以利用大数据技术，在互联网的相应平台上根据数据模型的直观显示，掌握近年来思想政治教育的前沿和热点，以免进行低质量的反复研究。教师可以通过网络大数据探索学术前沿，寻找理论研究的空白点和不足，加强自身的理论研究意识和问题意识，努力促进思想政治教育学科的发展。

②大数据技术手段可以使高校思想政治教育分工明确，并得到具体落实。思想政治教育的每一个部门和每一位工作人员，都可以通过网络数据发挥合力，在自身的岗位上尽到应尽的职责，把高校思想政治教育工作落实到每一个具体的环节。

③大数据在高校的运用提高了教学决策的科学性。一方面，不同信息设备收集到的海量的数据信息对科学决策和预测大学生思想行为的发展趋势能起到重要作用。另一方面，辅导员、思想政治理论课教师和其他行政部门的工作人员根据线上大学生的信息反馈或者不同部门数据的联系产生的偏差，不断加强工作机制建设，进一步健全和调整思想政治教育的原则和方法，从而使高校培育人才的科学性得到切实提高。

（五）提升了高校思想政治教育对象的素质

在科技化和信息化高度发展的今天，数据正以润物细无声的态势逐步进入人们的思想意识，改变人们的生活方式。尤其是高校学生对于新的数据技术的实验与追求，对于数据人才的仰慕，这些细微的变化都对高校大学生的成长及发展有着至关重要的作用。

首先，数据拓宽了高校学生的知识面。数据资源应有尽有，一应俱全，内容包括了政治类、经济类、科技类等，高校学生可以通过数据满足自己的求知欲和好奇心。学生挖掘数据、收集数据，最终通过分析与归纳数据形成自己的知识架构，在课余时间还能够发展自己的兴趣爱好，使原本枯燥乏味的学习生活变得更加简单有趣。其次，数据技术的高速发展会让高校学生在人际交往方面发生变化。在经济以及科技还没足够发达时，高校学生之间相互交流的方式只有两种：第一种是面对面这种直接的交流方式，第二种是书信往来。这两种方式对于时间和地点的限制就十分明显。然而在科技进步和经济发展的今天，高校学生能够感受数据的魅力，依靠数据技术的优势随时随地不受任何约束与人们交流沟通。最后，提高了高校学生自觉学习的能力。数据资源的数量再丰富、种类再繁多，也需要高校学生采集、挖掘、分析、应用，在获取整个数据信息的过程中，学生不但能够得到其最终想要的结果，而且对学生独立思考和独立研究也会有很大的帮助。

五、微时代给高校思想政治教育发展带来的新机遇

在"微时代"，由于信息接受突破了空间与时间的限制，因此也极有利于高校思想政治教育工作者突破空间与时间的限制有效开展思想政治教育工作。"微时代"不仅开创了一种全新的社交模式，同时亦给高校思想政治教育工作带来了诸多机遇。

（一）增强了思想政治教育实效性

传统高校思想政治教育主要在固定时间和地点集中实现。这种缺乏服务意识、互动意识和民主原则的教学方式，通常是由教育者掌握话语权，大学生处于相对被动的接受位置。正因如此，最终很容易导致相当多的大学生对传统思想政治教育方式并不感兴趣，极大地影响了高校思想政治教育效果。在这种背景下，"微载体"作为一种新型的网络应用，为高校思想政治教育的发展带来了新的发展机遇。在"微载体"平台上，师生享有平等的地位和发言权，双方的表达和参与感得到加强，有利于促进师生之间的意见交流。由此来看，"微时代"的到来无疑在一定程度上增强了高校思想政治教育的实效性。

具体在思想政治教育过程中，教师可通过网络直播形式，运用视频、图片、语音以及一些简短的文字向学生呈现如下内容：①最新国内、国际信息；②最新政策文件；③最新党政会议内容等。除此之外，思想政治教育教学过程中教师亦可将最新消息呈现出来，高校思想政治教育工作者还可建立微信群、QQ群，定期或不定期在群中发送一些国内外热点话题让学生讨论交流。这些做法均可让高校思想政治教育更具实效性。

（二）促进了思想政治教育资源的共享

"微载体"作为一种具有鲜明时代特征的新型媒体，在大学生中得到了广泛的应用，其巨大的影响力改变了大学生的生活和学习方式。传统的高校思想政治教育大多局限于特定的空间和时间，对信息的获取、共享和传播有一定的限制。利用"微载体"对大学生实施思想政治教育，不仅可拓宽高校思想政治教育渠道，而且可以开阔大学生的视野，增强他们的社会责任感，还可有效促进思想政治教育资源的共享。

近年来,在"微课热"的影响下,很多高校思想政治教育工作者均将自身的优质课件及教学视频上传至互联网上,供大家分享。高校思想政治教育工作者在具体的教育教学过程中,可积极利用这些公共思想政治教育资源促进自身思想政治教育质量的提升。在此过程中,高校思想政治教育工作者亦可不断提升自身的专业能力。大学生在自主学习过程中,亦可通过搜索相关思想政治教育教学课件与视频,实现自主学习。

(三)丰富了思想政治教育形式和内容

在"微时代"背景下,大学生的社交形式也在逐渐发生转变。依托存在于"微时代"的各种媒介,大学生接受外界信息与新鲜事物的能力也在不断增强。研究表明,大学生为新媒体使用群体中最活跃的一部分人。过去一段时间以来,高校思想政治教育无论是在内容还是在形式方面均较为单一、死板,很难调动大学生的学习积极性。为解决此问题,可采取很多有效措施。例如,传统思想政治理论课是较为枯燥乏味的,为调动学生的课堂参与积极性、丰富思想政治教育内容,教师可在具体教学过程中科学插入一些生动的视频、音频文件。对于一些较难理解的政策性文件,教师亦可通过播放视频的方式将生涩文字转化为直观可见、易于理解的信息。对于开展的各类思想政治教育实践活动,教师亦可通过微信发起活动,并将学生参与活动的整个过程记录下来,并以文字、图片、视频的形式传递给学生。这样的做法不仅丰富了思想政治教育内容,而且也丰富了思想政治教育方式。

第四章　新时代高校思想政治教育面临的挑战

新时代高校思想政治教育虽然面临着一些发展机遇，但同时也面临着一些挑战。本章分为新时代高校思想政治教育面临的国际挑战、新时代高校思想政治教育面临的国内挑战两部分。

第一节　新时代高校思想政治教育面临的国际挑战

一、经济全球化对高校思想政治教育的挑战

在经济全球化背景下，西方的多元文化思想或对我国的社会主义核心价值观及中华优秀传统文化造成一定的冲击，表现为以下几点。

（一）威胁社会主义核心价值观

经济全球化使得社会主义与资本主义这两种不同的社会制度的对话与合作代替了以往的对抗与敌视，成为21世纪世界发展的主流。资本主义通过经济全球化实行对外扩张的同时，宣传自身完善的社会福利制度和发达的科学技术，在美化自身的同时，放大我国在发展过程中出现的问题，贬低我国社会主义建设的成就。我国的传统价值观受到西方自由、民主、博爱思想和普世价值论的影响，一部分人对社会主义产生了怀疑和动摇。在意识形态领域，如果社会主义不去占领，资本主义就会乘虚而入。高校思想政治教育必须面对如何在经济全球化语境下抵御资本主义意识形态的侵蚀、保持社会主义核心价值观的主导地位的现实课题。

（二）威胁民族文化安全

文化是一个民族延续的前提，因此，民族文化的安全性对民族和国家至关重要。中华民族在发展的过程中，形成了自身具有强大生命力的独特的传统文化，

但在经济全球化的浪潮中，部分国人没有保护中华民族文化遗产的热情，也缺乏自觉抵制西方腐朽文化侵蚀的意愿。这种现象在高校中尤为明显，因为高校是文化交流的重要场所，高校应该承担起培养学生热爱和保护中华民族文化遗产的责任，同时也要教育学生抵制不良文化的侵蚀。高校可以通过开设相关课程，比如中华文化遗产保护、中西文化比较等，来提高学生的文化素养和鉴别力。此外，高校还可以组织各种文化活动，如文化遗产展览、讲座、研讨会等，让学生亲身体验和感受中华文化的魅力。总的来说，高校在文化教育方面有着重要的作用和责任。只有当我们的青年一代深入理解和热爱自己的文化，才能在经济全球化的大潮中坚守文化自信，传承和发扬中华优秀文化。

（三）挑战舆论导向

随着互联网技术的飞速发展，西方国家凭借其计算机网络、互联网技术的先发优势，牢牢把握着信息技术发展的优势地位。我国的网络信息技术近些年虽然发展迅猛，但与西方相比，仍然存在一定差距。网络信息已深入人们的日常生活之中，且已成为获取和交流信息的最为重要的途径和手段。西方国家，尤其是美国，凭借其网络信息技术的独特优势，大量输出代表其利益的思想和价值体系，与我国的社会主义主流舆论形成对抗，其中的糟粕，如享乐主义、拜金主义、极端个人主义等，对国民尤其是青少年的负面影响尤为严重。我国高校的思想政治教育总体而言还是习惯于以传统的文宣方式进行，通过网络信息技术进行思想政治教育的方法有待加强。如何在经济全球化的环境下对高校学生实施正确的舆论导向，消除西方糟粕思想的不良影响，是高校思想政治教育工作的艰巨任务。

二、西方自由主义思想对高校思想政治教育的冲击

（一）冲击着我国高校思想政治教育的主流意识形态

文化作为一个民族的血脉和国家凝聚力的象征与保证，对于一个民族的生存与发展是不可或缺的。如果一个民族没有文化的支撑，那么它就很难走在世界发展的前列。我国拥有5000多年的悠久历史与灿烂文明，中华民族的优秀文化始终一脉相传，在与世界文化的碰撞中擦出了历久弥新的火花，不断地与时俱进并且在中国共产党的领导下面向中国特色社会主义文化、面向世界、面向未来、面向现代化。中国特色社会主义文化始终代表着强基固本的基础、代表着科学发展的道路、代表着改革创新的要求、代表着以人为本的需求，其存在和发展不仅为中国人民提供了精神力量，而且为中国特色社会主义实践提供了理论向导。新自

由主义思潮从我国改革开放初期就逐渐传入我国并意图对我国政治、经济、文化等方面进行各种渗透，在马克思主义的指导下，我们党分析研判了新自由主义在中国传播会导致的恶果，因此要坚决禁止新自由主义思潮在我国泛滥，要坚持马克思主义在我国社会主义意识形态领域的指导地位，使大学生进一步坚定社会主义共同理想信念，更加坚定地走中国特色社会主义发展道路，在走向中华民族伟大复兴的道路上必须清除任何阻碍我国发展的绊脚石。世界各国的文化各色各样、多姿多彩，资本主义国家在文化方面也不是没有丝毫发展。新自由主义文化是在特定的资本主义的土壤中孕育发展的，不顾中国的具体实际，照搬照抄新自由主义那一套在当代中国显然是行不通的，新自由主义的渗入会导致严重的"水土不服"，新自由主义从产生之日起就是为了维护垄断资产阶级的利益，一些学者不顾当代中国的具体实际，大力鼓吹新自由主义，其实新自由主义并不适应世界上所有的国家所有民族的实际。中国文化有自己优良的传统，有自身文化的特殊性，与资本主义文化有着本质的不同，马克思主义在中国的传播中是带有自身的科学性的，比如重视实践，中国亦是一个重视实践的国家，在不断完善马克思主义中国化理论。实践一再证明，中国的正确道路便是中国特色社会主义道路。

由此可见，文化对于一个国家一个民族的生存与发展来说是至关重要的。新自由主义是一种国际垄断资本向全球扩张的思想理论体系，它代表的是垄断资产阶级和国际垄断金融的根本利益，所以它始终维护垄断资产阶级建立起来的意识形态理论体系，它本身的理论内核和价值标准是具有一定的理论性和现实性的。由此可见，新自由主义具有很强的社会性、阶级性和政治性，它的传播并不止步于学术探讨而是寻求一种大众社会心理，并致力于将大众社会心理变为现实可能，这在拉丁美洲、俄罗斯和欧洲等地区的传播都是最好的印证。新自由主义公然地否定公有制、否定国家干预和否定社会主义，打着"自由"的旗号将社会主义社会当成极权社会去挑战。新自由主义认为只有私有制才是个人自由和市场自由的最好保证，市场经济能够在市场这一只"看不见的手"的作用下实现均衡的发展，"市场的作用是可以在没有顺从的情况下获得一致的意见，它实际是一种有效的比例代表制"。新自由主义企图实行全盘私有化，它公然反对社会主义和计划经济，认为用行政手段去调节市场不仅会导致"极权主义统治"，而且还会束缚住个人的自由。然而，新自由主义者的这些理论是基于其本身的阶级属性的，而不是基于对国家在市场经济中的作用的深思熟虑。众所周知，市场具有自发性与盲目性，市场并不是万能的，完全依赖市场配置资源，也会产生许多问题。如果没有适宜的国家政策和完善的市场经济体制来规范市场行为，仅仅是靠市场本身的调节是无法进行有效的资源配置的，由于市场本身的盲目性和逐利性，政府只是充当所谓的"守夜人"，无所作为，也必然会加速自由市场经济的崩溃。新自由主义在各种新媒体的传播过程中，会利用人们的现实需求和社会发展中出现的矛盾，有意识地运用其理论观点来扭曲我国社会现实，宣扬西方资本主义国家的社会制度、生活方式和价值观念，并以此来误导人民群众。作为一种文化的理论表现形式，新自由主义妄图通过传播西方价值观来瓦解我国的民族文化特色和社会主义核心价值观，进而否定公有制的主体地位，否定社会主义制度。我们清楚中国特色社会主义文化的底蕴，我们深知文化是联系个人信仰和民族认同的桥梁，为了引导高校学生树立正确的三观，在平时的思政理论课堂上要告知学生们自觉抵制新自由主义这种错误思潮。

1. 新自由主义过分强调个人主义

新自由主义的思想和文化理念在我国的传播过程中显示出了其"文化侵略"的意图，肆意地宣扬个人主义并强调个人价值，甚至部分人还表现出极端的个人主义，这和我国的文化思想有着本质上的"不可调和性"。由此看来，新自由主义对我国高校思想政治教育的影响不容小觑，我国高校大学生在文化多样性的浪潮中极易被各种错误的文化思想影响。新自由主义的思想文化追求个人自由与个性解放，以个人主义为基础强调个人的人生观和价值观，部分高校大学生受其影响后会把个人价值、个人自由和个人利益放置于最高位置，大学生甚至一些高校教师中出现著名学者钱理群所批评的"精致的利己主义者"，中国优良的传统集体主义精神会被部分受影响的大学生抛之脑后。而集体主义精神是社会主义、共产主义道德的基本内容，为了集体利益和国家利益，我们应该毫不犹豫地放弃个人利益，当代大学生要有深厚的家国情怀，因此在思想政治教育过程中应该重视对大学生进行集体主义精神教育。自新自由主义传播到我国以来，我国高校大学生作为受众也受到了一定影响，这种影响大多是负面的，因为新自由主义理论往往会使部分大学生的社会主义、共产主义理想信念产生动摇，与此同时强化了个人主义的自私自利倾向，歪曲了部分大学生的世界观、人生观与价值观，不利于大学生的道德情感培养和自由全面发展，也不利于和谐校园与和谐社会的建设。

2. 新自由主义过分推崇功利主义

通过研究新自由主义，我们不难发现几乎所有的功利主义者都是自由主义者，反过来说也是这样，几乎所有的自由主义者都是功利主义者。从客观事实上看，自由主义和功利主义在同一背景下是可以相互融合、相互促进的，部分人的道德意识是含有进取性的，他们认为个人权利是不容置疑的，所以他们相信功利主义也就不足为奇了。马克思很早就指出资本主义的个人不是一种真实的、现实的人，而是一种虚拟概念。所谓的自由至上和功利主义是和私有制密不可分的，虽然资产阶级革命在一定程度上促进了人的政治解放，但追根溯源的话，资产阶级革命并没有从根本上实现社会解放与人类解放。在我国高校的思想政治教育中，教育者应该引导大学生树立正确的世界观、人生观与价值观，纠正其功利主义、个人主义等自私自利的偏向，不能让他们一味追求一时的获得与快乐，片面追求眼前利益不顾及大局的长远的集体利益。思想政治教育是我国社会主义精神文明建设的重要内容，其对人们的思想观念、道德规范和政治观点施加有目的、有组织、有计划的影响，使人们形成符合我国对社会成员所要求的思想品德，所以思想政治教育者要通过思想政治教育有效地纠正我国高校部分大学生功利主义、个人主义等不良倾向，争取把萌生的功利主义、个人主义思想消灭在萌芽状态并正确地引导大学生坚定社会主义、共产主义理想信念，培养大学生集体主义精神，自觉做中国特色社会主义的建设者与接班人。

3. 新自由主义间接导致拜金主义

随着新自由主义的广泛传播，我国部分人盲目地崇拜西方的思想文化，甚至一度有人说出"国外的月亮比中国的圆"这种谬误，追究其原因少不了资本主义国家的推波助澜，一部分人不能全面认识西方资本主义国家的思想文化，不严谨的分析加上盲目效仿对中国的传统文化和社会主义新文化产生了很大的冲击。新自由主义过于强调个人自由与个人权利，把个人利益置于集体利益、国家利益之上，为了个人利益甚至于不惜损害集体利益与国家利益，这样很容易导致极端利己主义、拜金主义、享乐主义与消费主义。一些大学生甚至发出"宁愿在宝马车上哭，不愿在自行车上笑"的心声，社会上甚至出现了笑贫不笑娼的现象。追其根源，利己主义、拜金主义和享乐主义都是无限制的自由和私有，而这与我国五千多年的优秀传统文化、社会主义新文化是格格不入的，所以我们应该通过各种新媒体途径来宣传我们优秀的传统文化，引导大学生自觉抵制拜金主义、利己主义与享乐主义。当今的思想文化越来越多元化，这是一个必须承认的客观事实，任谁也不能将历史倒退到从前的一元化局面。在经济全球化进程中，文明可以交流互鉴，各国的文化应该博采众长、相互交流以及相互竞争，我国更应该积极应对来自西方国家的冲击。我国高校思想政治教育更应该在中国共产党的领导下，进一步巩固马克思主义在社会主义意识形态中的指导地位，加快社会主义民主与法治进程，阻止新自由主义思潮对我国思想与文化的破坏，消除新自由主义错误思潮对大学生的消极影响。中华优秀传统文化、社会主义新文化的价值是历久弥新的，在与西方各种思想文化的交流与碰撞中，中华优秀传统文化必将焕发出新的生机与活力。

（二）新自由主义影响我国高校思想政治教育的教育环境

马克思主义认为，环境与教育关系十分密切。教育环境是影响学生身心健康发展的重要因素，孟母三迁的故事就充分表明人们已经意识到家庭环境、居住环境等因素对学生身心健康成长的重要影响。从教育学的角度来说，如果孟母没有认识到家庭环境、居住环境对于孩子身心健康成长的重要性，孟子就很可能会因为环境因素而成为一个很普通的人，就不可能成为令后人敬仰的儒家"亚圣"。思想政治教育环境从影响范围方面可以划分为微观环境和宏观环境。微观环境就是指学校、家庭和企业等小环境。宏观环境主要是指影响思想政治教育的社会大环境和影响人的思想行为的环境。小环境是基础，大环境制约着小环境。在复杂的国内外形势这种大环境下，新自由主义思潮也必然会对我国高校思想政治教育产生不良影响，对当代大学生树立正确的世界观、人生观与价值观产生不利影响。某些西方资本主义国家企图通过全球一体化和"和平演变"来对我国社会主义意识形态进行西化分化和侵略渗透。改革开放对我国原有的社会生活方式、利益分配和经济结构的影响是翻天覆地的，同时人们的思想受外来思想文化的影响也是其前所未有的。新自由主义大肆宣扬的西方资本主义国家意识形态和西方主流价值观念不仅仅对我国社会主义意识形态产生了极大影响，而且对我国高校思想政治教育环境产生了巨大的消极影响。新自由主义者认为，苏联解体东欧剧变后，资本主义就已经一统天下了，人类历史会进入资本主义大一统时期，最终会迈进完美的"后历史时期"。这很明显是新自由主义者故意散布的"意识形态终结论"与所谓的"历史终结论"，其根本目的是四处宣扬马克思主义过时论与无用论，鼓吹西方所谓自由与民主的思想，以此来诱惑我国也融入所谓西方文明并走资本主义道路。这些谬误很容易混淆人们的思想，使人们产生错误认识，进而对我国的指导思想马克思主义产生怀疑，对我国社会主义基本政治制度和经济制度的认识产生偏差。高校是意识形态斗争的主战场，各种社会思潮都试图到高校来争夺阵地，争夺意识形态话语权。在这个国家培养人才的重要基地中，风清气正的校园文化环境就显得尤为重要。所以不论在教学课程的安排还是在教学内容的规定上，都应该把马克思主义理论教学列为学科发展的指导理论，对大学生进行思想政治教育并不是思想政治理论课教师的专利，我国高校其他专业课教师也应该自觉承担起这个重要职责，既教书又育人，实现从思政课程到课程思政的转变。构建"大思政"育人格局很好地把握了课程教学中隐性和显性教育的统一性，认真落实好党的教育方针，把党的领导作为政治引领的根本方向，通过思想政治教育工作凝聚我国高校思想政治教育的向心力和凝聚力。

三、西方资本主义国家对我国社会主义意识形态的渗透

十月革命胜利后，苏联建立了人类历史上第一个社会主义国家，开辟了人类历史的新纪年。在社会主义制度确立后，资本主义国家无不把社会主义视为"洪水猛兽"，不断对社会主义国家进行攻击和"围剿"，企图把苏联扼杀在摇篮之中，一些资本主义国家不断地输出自己的意识形态，把它们的社会制度、价值观念与生活方式强行地推广到世界各地，意图将社会主义淹没在资本主义的海洋之中。如果想要使一个政权分崩离析，首先需要在意识形态方面对其造成舆论压力，不论是革命阶级还是反革命阶级都是这样。20世纪80年代末90年代初，苏联解体东欧剧变，以美国为首的西方资本主义国家在意识形态这个没有硝烟的战场不战而屈人之兵，从而宣告资本主义一统天下。20世纪50年代初，美国中央情报局多次更改关于对付中国的《十条戒令》，其中有4条都是要搞乱我国青年和人民的思想，诱使他们崇拜西方资本主义国家的价值观念、生活方式和民主自由，以此达到煽动和破坏我国传统的思想政治教育和价值观念的目的，进而摧毁我国的下一代。改革开放以来，新自由主义传播到我国后也加紧了对我国进行意识形态的渗透，通过各种途径向我国人民尤其是大学生宣扬资本主义民主、自由和人权，大肆鼓吹资本主义优于其他主义的价值观念，主张彻底的自由化、私有化和市场化，反对坚持改革开放的社会主义国家，试图把当代中国拉入资本主义的轨道。在这种敌对势力的各种强攻下，部分高校大学生丧失了社会主义、共产主义理想信念，对社会主义核心价值观产生错误认识，对我国的社会主义道路不以为然，对中国文化和中国特色社会主义制度没有产生足够的认同感。部分大学生极度迷信西方资本主义国家的生活方式以及自由、民主、人权等价值观念，以至于对新自由主义的思想观点顶礼膜拜、全盘接受。新自由主义者为了在政治层面牢固把控话语权，还总结了否定公有制、否定社会主义和否定国家干预的"三个否定"。新自由主义者制造的这些意识形态话语和我国的实际政治发展情况是不合

时宜的、背道而驰的。新自由主义者在社会现实问题上善于用欺骗性的话语蛊惑辨别是非能力较低的高校大学生，为了引起大学生的注意和思想共鸣，他们把晦涩枯燥的学术理论转化为通俗易懂的生活话语，像"利益最大化""机会均等"和"效率优先"这些大家能够耳熟能详的话语常常在各种媒体中出现，渐渐地成为人们信手拈来的词语，使大学生理解起来没有任何障碍，在有意无意中增强了新自由主义者的话语吸引力。也有学者曾指出："新自由主义的倡导者极尽其口才，使自己听起来好像他们代表少数富人实施政策时，他们是在给穷人、环境和其他任何人施以巨大的恩泽福祉。"新自由主义思潮的吹捧者惯于把自己伪装成为一个为人民争取自由权利、为社会维护公平正义、为国家谋取发展前途的正义代表，他们的虚伪已经蒙蔽了部分大学生的双眼。

第二节 新时代高校思想政治教育面临的国内挑战

在改革开放四十多年的时间里，中国社会日新月异，同时也面临着巨大的挑战。在一心一意谋发展的过程中，需要有一种价值体系或者思想精神来鼓舞伟大的中国人民继续努力、艰苦奋斗。

一、新环境对高校思想政治教育的挑战

（一）新媒体对高校思想政治教育的挑战

1. 新媒体的传播特点挑战了思想政治教育模式

传统的高校思想政治教育主要通过面对面的方式，与学生进行沟通交流，引导、启发学生加强思想道德学习，增加爱国之情，树立理想信念和社会责任感。这种教育方式的情感互动性强，有针对性，交流的效果突出。新媒体的发展改变了高校思想政治教育的环境，对高校思想政治教育的过程、方法等提出了新的挑战。

（1）新媒体对高校思想政治教育环境的挑战

在信息科技不发达的情况下，学生们能够接触到的信息载体主要是报纸、电视、广播，政府和学校可以对这些载体传递的信息内容进行过滤，主动权掌握在思想政治工作者手中，我们可以坚持党性原则，以社会效益为首而将不正确的观点、不恰当的信息去除，以保证弘扬社会主义主旋律教育。在新媒体环境下，大学生受教育的空间广泛、自由，而新媒体的开放性特征使各种非主流声音、各种

谣言甚至危害国家安全的信息到处流传，给大学生群体造成十分消极的影响。在这种情况下，高校必须充分发挥党和政府在思想政治教育方面的领导作用，站在"培养什么人、如何培养人"这一事关社会主义事业发展的根本问题的高度，充分认识到争夺互联网阵地的艰巨性和重要意义。要采取有效措施，有针对性地、以足够的主流网络信息占领网络空间，最大限度地减少非主流信息，引导大学生树立正确的世界观、人生观、价值观、道德观，增强抵制腐蚀思想的能力，确保高校思想政治教育的实效性。

（2）新媒体对高校思想政治教育内容的挑战

思想政治教育的内容与思想政治教育的目标有着密切的联系。新时期高校思想政治教育的内容是不断传承和与时俱进的连续过程。新媒体技术的飞速发展更加映衬出了现阶段高校思想政治教育形式和内容明显落后于时代发展的需求，这就使得思想政治教育的内容需要与时俱进，不断更新、扩充调整，以适应新时代高校思想政治教育的需求。

随着新媒体技术的快速发展，新媒体环境作为传播信息的新平台和新载体，逐渐成为高校师生获取信息传授知识的重要渠道，对大学生的学习生活、道德修养乃至思想观念有着直接和深刻的影响。新媒体技术的发展和普及，在拓展高校思想政治教育工作路径和方法的同时，也为高校思想政治教育工作带来了新机遇和新方法。高效运用新媒体技术可以深入了解大学生的思想动态以及他们关心的热点问题；在获取海量信息的同时还丰富了高校思想政治教育的内容资源和方法；利用多元性、交互性、即时性的特点，可以开展内容形式多样的思想政治教育活动。同时新媒体环境的发展和应用也为高校思想政治教育带来了一些新的问题，如网上的信息具有无序性、复杂性和真伪难辨性，这些都增加了学生辨别信息的难度，一些别有用心的人在网络上传播一些不负责任的信息和论调极易导致大学生思想混乱，不法分子利用网络论坛、微博微信进行网络煽动，极易引起高校和社会的不稳定。加之个别媒体和媒体人受经济利益的诱惑，刻意地向大学生发布一些色情、暴力或赌博等信息。一些虚假信息和反动言论也利用新媒体在校园中大肆传播，高校学生主动或被动地接受了这些信息，这些信息严重干扰着高校思想政治教育工作的开展，使得大学生身心健康受到恶劣影响，这些有害信息的肆意传播极易使大学生人生观、价值观和道德观产生变化。所以，用正确、积极、健康的思想文化占领网络阵地，同时防止一些人利用网络传播错误的思想和信息，已成为高校思想政治工作非常重要而又紧迫的课题。

（3）新媒体对高校思想政治教育过程的挑战

通过新媒体，大学生可以接触到各种各样的信息，包括各门类学科知识、时事报道、奇闻逸事、思想言论等。新媒体跨越了时空的限制，通过传媒技术把世界各地的人们联系在了一起。不同意识形态、政治制度、文化背景下的思想观点混合在一起，极易使世界观、人生观尚未完全成熟的大学生在面对新媒体中多元化的思想观念时，产生各种困惑。大学生在遇到社会上各种疑难问题时，急切需要得到能够令人信服的答案，解开他们思想上的种种疑问。但是，当学生倾向于通过新媒体来表达思想状况、心理需求时，就给教育者的工作带来极大的难度。新媒体环境下，大多数人都通过各自的代号而非自己的真实姓名上网，教师无法知道究竟是谁在发表意见，不清楚学生正在关注什么、遇到了什么难题、思考些什么、想知道什么，因而高校思想政治教育工作就难以做到切实地从学生的心理需求出发，有针对性地解决学生实际遇到的问题，甚至有时非但达不到理想的教育效果，还会引起学生的逆反情绪，产生负面效果。虽然当前许多高校都建立了自己的校园内部网站，开辟了思想政治教育专栏，但由于内容比较单一，形式缺乏灵活性，语言缺少生动性，缺乏对大学生实际心理需求的针对性研究，吸引力不强，而且对网站的管理与维护又相对滞后，网页更新速度慢，所以目前大学生对此类网站的访问量不大，效果欠佳。

（4）新媒体对高校思想政治教育方法的挑战

高校思想政治教育不仅要向学生传授思想道德知识，而且还要着重提升学生的道德思维能力，加强价值和道德的判断能力，从而更好地实践思想政治教育的理论与知识。新媒体依托数字技术、计算机网络技术与移动互联通信技术形成了一个庞大的网络体系，同时新媒体技术也是一种强调个体的媒体，所传播的内容具有很大的自由性和随意性，随着互联网、数字技术、移动互联等新技术在校园广泛应用，面对海量信息，对其进行管理和监控的难度都很大。高校思想政治教育工作要得以顺利地开展并达到既定目标就必须改进其方法和措施。

高校思想政治教育对信息的选择可分为新媒体信息理性选择和新媒体信息非理性选择。新媒体信息理性选择是指人们对各种新媒体信息或相关因素进行系统化的分析，排除无关信息的干扰所做的信息选择。新媒体信息非理性选择是指以直觉为基础的信息选择活动。新媒体技术的发展增加了大学生对海量信息进行选择的困难度。从宏观角度来看，由于新媒体环境没有主观责任机构，用户使用的门槛很低，大学生对网上的信息难以追溯其真实来源并核实其可靠程度，这样就容易为各类不法分子和敌对势力所利用，各类的反动宣传、结社、集会甚至抗议等活动都可以堂而皇之地在新媒体平台上肆意传播，在这种背景下，教育者很难在网上对大学生进行信息选择的指导与干预，大学生也在瞬息万变的信息海洋中而不知所措。这种情况会产生两种结果：一是对大学生已经形成的价值观造成强烈的冲击；二是帮助大学生树立新的价值观、人生观，所形成的新的观念可能对自身成长有利，也可能不利。

新媒体环境对思想政治教育工作者也提出了新的要求。新媒体时代，大学生获取知识和信息的渠道具有多样性、技术性，较之传统媒体的传播形式有了很大的改变，正是因为大学生接受新鲜事物的能力非常强，对新技术的渴求程度较高，往往容易掌握一些最新、最快的新技术和新方法，大学生自然而然地成为新媒体的主要受众和使用者。与大学生相比，教师往往由于各方面的条件制约，扮演着新媒体技术使用中的"后来者"，他们运用新媒体技术的能力往往不占优势，甚至还存在对新媒体技术的不屑一顾的态度。因此，在新媒体时代，高校的思想政治教育工作者必须较为熟练地运用互联网及移动互联技术，同时尽可能地利用新媒体走进大学生的生活，了解他们的所思所想，并尝试适应大学生在新媒体平台上所使用的语言表达方式，利用大学生所喜欢使用的网络用语、表情图片等方式，平等、亲近、真诚地与大学生进行交流和沟通。

虽然新媒体可以高效率地传播思想道德观念、科学技术知识等内容，但面对信息的海量性和信息选择的矛盾性，在新媒体时代如何顺利有效开展高校思想政治教育工作，能否提升大学生的思想道德品质，以及高校思想政治教育工作者如何利用新媒体环境对大学生进行教育和引导并提升他们的信息素养，提高他们甄别和判断信息的能力，都是新媒体对高校思想政治教育的挑战。

2.新媒体时代挑战了高校思想政治教育工作者的权威

（1）新媒体时代对思想政治教育工作者的信息优势地位提出了挑战

在传统高校思想政治教育工作中，思想政治教育工作者既具有理论上的优势，又具有历史、人文、社会知识上的优势，加上多年知识信息的累积和对传统媒介的熟悉，具有绝对的主体掌控地位。思想政治教育者不仅"掌控"着思想政治教育的内容，而且"掌控"着思想政治教育的整个实施过程。在教育过程中，教师可以及时把握社会政治、经济和文化动态，并将之与思想理论教育相结合，使教育形式更加丰富，内容更加充实，同时充分展示个人的教育魅力，从而增强思想政治教育的吸引力。

在新媒体时代，这种格局开始被打破。大学生作为使用新媒体的主力军，对各种社会现象非常敏感,他们可以借助新媒体便捷迅速地寻找和吸收自己需要的信息,完全绕过了高校思想政治教育主体这一传播思想政治教育理念的媒介,久而久之,高校思想政治教育工作者的教育主体和教育主导者的地位受到了"撼动"。受教育者和教育者的地位由隶属关系变成相互学习、相互促进的平等关系,从而改变了受教育者自身在传统教育中知识信息劣势的格局。这无疑对传统思想政治教育工作者的主体地位提出了严峻的挑战。

(2)新媒体时代对思想政治教育工作者的知识结构提出了挑战

新媒体技术的出现,对高校思想政治教育工作者的知识结构提出了挑战。新媒体打破了知识单向传授的模式,信息的多向性为大学生提供了较多的选择空间,学生的自主学习能力得到加强,有时候甚至会出现教育者所接受的信息迟于或少于被教育者的现象。在新媒体所构建的平等的交互性的平台上,大学生的主体意识会被极大地调动起来,影响并改变着他们的认知方式和接受方式。由于获取信息的渠道变宽,接触不同观点的机会变多,大学生不再像以前那样被动地接受教育者的灌输和安排。他们用自己的是非观、判断力,选择自己认为正确的观点,在主动获取知识的同时,要求与教师平等对话,这既反映出教育的进步,同时也对教育者的知识提出了更高的要求。高校思想政治工作者只有学会科学评估和研究互联网络对高校思想政治工作所产生的全方位影响,不断加强对网络知识和技能的学习,提高与学生网络沟通的能力,才能真正成为大学生健康成长的指导者和引路人。

(3)新媒体时代对思想政治教育工作者的素质提出了挑战

在高校思想政治教育过程中,思想政治教育工作者的素质包括思想素质、政治素质、文化素质等多方面。通过提高思想政治教育者的相关素质,可以有效地提高思想政治教育工作者的人格魅力以及对受教育者的吸引力,进而使得受教育者心悦诚服地"追随"思想政治教育工作者的脚步,根据教育工作者传授的理念和内容形成符合社会发展的思想观念和行为方式。新媒体条件下,随着网络信息技术的迅猛发展,大多数思想政治教育内容和理念通过网络这个新媒介以不同的方式展现出来,极大地吸引了大学生的眼球。相比于思想政治教育工作者的谆谆教诲,大学生们则更喜欢通过网络来了解和吸收自己所需要的知识。

要通过网络引导的方式来指导大学生正确探寻所需信息,高校思想政治教育工作者除了要具备政治、文化等基本素质之外,还要有基本的网络素质以及筛选信息的能力,这就给高校思想政治教育工作者的素质提出了更高的要求。建设一支具有较高思想道德素质、政治理论水平、良好的心理品质和一定的创新能力,熟悉网络，能熟练地操作多媒体的高素质的思想政治教育工作队伍，是新媒体时代下解决高校思想政治教育困境的必由之路。

（二）信息化对高校思想政治教育的挑战

1.多元化思潮对思想政治教育的挑战

当前，我国正处在经济全球化、政治多极化、文化多元化深入发展的世界格局之中，面临着社会思潮多元多样多变、交流交融交锋的新形势。与以往不同的是，在网络环境下，信息自由流动，政府信息"把关人"的地位相对弱化，各种社会思潮通过网络论坛、微博等信息化载体可以在短时间快速而广泛地传播。特别是一些所谓的公共知识分子，利用拥有众多粉丝的微博大 V 身份，凭借较大的话语权和影响力，鼓吹各种社会思潮，如历史虚无主义者对董存瑞炸碉堡、狼牙山五壮士、邱少云火中捐躯、雷锋日记等肆意歪曲，极端个人主义者为了满足一己之私欲而不惜损害他人和社会的利益，新自由主义者过分宣扬绝对的个人自由等，他们用极具颠覆性的观点和煽动性的语言否定我国的历史，质疑中国特色社会主义道路。这些反马克思主义、社会主义的错误主张和社会思潮，对涉世未深、判断能力不强的大学生产生了较大的迷惑性和危害性。

在追求个性的名义下，部分大学生盲目接受相关错误观念，出现理想信念退化、价值取向低俗化、社会责任感弱化等现象。当这些受到社会思潮影响的大学生在思想政治理论课堂进行学习时，常常带着先入为主的观点，对思想政治理论课讲授的新民主主义革命历史，社会主义核心价值观，中国特色社会主义道路自信、理论自信、制度自信、文化自信等产生怀疑心理，甚至偏激地认为思想政治理论课"假大空"。思想政治理论课如何消除多元化思潮的消极影响，需要引起思想政治教育工作者的思考。

2.现实社会问题对思想政治教育的挑战

当前我国经济社会发展呈现出改革攻坚期、发展关键期、矛盾凸显期"三期叠加"的阶段性特征，特别是随着改革的不断深入，我国改革开放已经进入攻坚期、深水区，涉及的利益面越来越广，触及的深层次矛盾越来越多，大学生对涉及民生的分配制度、住房、医疗、就业等社会问题非常关注，通过网络可以快速获取相关社会问题的最新信息。大学生对收入差距、高房价、看病贵、就业难等问题感到疑惑，但是由于缺乏社会经历，对许多社会问题知其然不知其所以然，无法通过自主分析找出正确的原因。因此，大学生希望思想政治理论课能够帮助他们解决因现实社会问题产生的思想困惑。可是，相当一部分思想政治理论课教师对学生关注的社会问题避而远之，漠视学生的思想需求，只是照本宣科地灌输理论。当大学生从思想政治理论课得不到满意答案时，他们会认为思想政治理论课所讲授的理论脱离社会实际，觉得上这些课没有用，从而产生逆反心理，这会降低思想政治理论课的可信度，在很大程度上影响思想政治理论课教学的实效性。

3. 课堂低头族对思想政治教育的挑战

随着智能手机和无线网的快速普及，大学生人人持有一部可随时上网的手机。由于自控能力差，部分学生每天手机不离手，沉迷其中。他们每天起床的第一件事情是玩手机，睡觉前的最后一件事情是玩手机，上课也忙着刷朋友圈、看小说、逛论坛、网络购物、看视频、打游戏，成为课堂低头族。课堂低头族可以为了学分按时来上课，但进入教室后喜欢坐在教室后面，然后默默地玩手机，无视教师和其他同学的存在。不管思想政治理论课教师如何讲、讲什么，课堂低头族一概不听，当被点名要求回答相关课堂问题时，往往用浑浊不清的眼神问"老师，能不能再讲一遍问题"，让本应是思想交流的思想政治课课堂变成了教师的"独角戏"。课堂低头族不仅让个人学习效果为零，而且严重影响了思想政治教育课堂的学习氛围，严重影响了周围同学的学习状态，严重影响了授课教师的教学情绪，致使思想政治理论课质量严重下降。目前，针对课堂低头族，有的高校推行"无手机课堂"，即以班级为单位在课前统一上交手机；有的高校要求任课教师将学生使用手机情况纳入学生学习成绩考核，这些措施立足于堵，但堵不如疏，因此效果不甚理想。

（三）互联网对高校思想政治教育的挑战

随着社会经济的不断发展，信息技术也得到了飞速发展，为人们的生活提供了较多的便利，随之而来的是信息的大量传递，网络的发展让信息传递变得更加迅速且传播范围更加广泛。在这样的背景下，高校思想政治教育得到了更好的技术支持，知识的获得变得更加快捷。但与此同时，巨大的信息量也容易使辨别是非能力较低的学生误入歧途，因此，提高大学生思想政治素养势在必行。

1. 信息资源的多样化导致了教育的复杂化

长期以来，思想政治教育的全部任务被归结为"传道"，即向人们灌输社会的政治思想和道德规范，不重视能力和个性的培养，甚至存在着否定和抹杀人的个性的倾向。同时，思想政治教育过程仅仅被视为"教育者施加影响，改造受教育者"的过程。这种思想政治教育过程观导致单一的教育者主体观，严重挫伤和压抑了受教育者在思想政治教育中的主动性和积极性，弱化了思想政治教育在提升人性方面的作用。"互联网+"思想政治教育的出现有效改善了这一现状，却也带来了相应的挑战。

  首先，信息量大增添了教育对象接受教育的选择性，教育主导地位受到冲击。进入网络时代，受教育者通过互联网，听到的不仅是中国的声音，而且是全球的声音；感受到的不仅是中国传统文化，而且是世界文化的交融。面对全球文化的交融和信息膨胀及传播途径的多样化，受教育者往往感到目不暇接，是非难辨，最终导致判断能力下降。另外，互联网的信息传输几乎综合了报刊、广播、电视、图书、录音录像、户外宣传等其他现有众多媒体的所有优点，具有整合优势并采取相对独立的形式。网络上浩如烟海的信息，内容涵盖全球的政治、经济、文化、体育等各个领域，极大地开阔了人们的视野和思路。网络的超信息量和信息本身固有的本质，使得教育内容变得丰富而全面，具有极高的文化与科技含量，教育内容的政治性隐含在历史文化知识和现代科技信息之中，并具有了客观性和可选择性。在网络社会，由于人的自主性空前提高，思想认识、价值观念、思维方式的个性化、多元化、复杂化特征也更加明显。

  思想政治教育者是社会主流文化的代表，其基本职能包括观念传导、素质引导、活动管理等，而这些职能的发挥决定了教师在教育过程中占主导地位，掌握话语权，决定传授的方式和内容。随着联网客户端的普及，教育对象可以轻松调取数据库中的信息，实现资源贡献和诉求互动，同时可以根据自己的思维去挖掘和分析相关数据，产生自己独特的见解，质疑教育者的观念传导方式和教育内容，冲击了传统的教与学的模式，导致思想政治教育者在教育过程中的主导优势不再明显，信息控制力被削弱，教师由此失去了主动地位。教师可以从"互联网+"中获取学生的信息，可以了解到不同学习方式和不同学习内容对于不同类型学生的影响，进而与学生共享，在教案设计上考虑宏观因素的干扰，设计符合实际的教学大纲，保证自己身份的权威性。若是教育对象的政治立场不够坚定，辨别是非的能力不强，受网络非主流文化影响较大，思想政治教育者个人魅力比不上丰富多彩的网络文化，教师的权威就将面临解构之危，主流文化面临着非主流舆论谋求上位之险，失去对教育对象和课堂的控制能力，使得教育者在实施教学和评价学生方面有了更多的顾虑因素，造成教学失效、评估失真、完不成教育目的。

  其次，网络的娱乐性增添了教育的难度。人的发展，是身心全面和谐的发展，身体发育是通过各种体育活动和实践锻炼完成的；而心理的发展主要包括认知的发展和意向的发展，是通过各种途径来完善的。"互联网+"技术的普及以及"互联网+思想政治教育"的发展，有利于受教育者认知发展、多方面兴趣的发展,但是,网络的虚拟性等问题的存在,对受教育者回归现实生活、良好道德情感的发展有着不良的影响。某些受教育者沉浸在虚拟的网络世界不能自拔,变得冷漠,自闭、孤独成为青少年身心健康发展的隐形"杀手"。所以,引导受教育者合理使用互联网,让青少年回归生活,在日常的现实生活中磨炼受教育者,使受教育者在丰富多彩的社会生活中积累经验,这才是教育内涵的完满表达。

最后,教育内容良莠不齐,信息垃圾扰乱了教育对象的思想。"互联网+"以其独有的结构化的数据、量化的决策方法和高质量的数据价值迅速被社会接受,它的受众大多是客户,应用介体注重感官感受,应用价值多为个性化判断。凭借这些优势,"互联网+"也成为不法分子传播不良信息的首选渠道。各式各样的文化意识形态以开放、包容的互联网为宿主,通过各种各样便捷发达的客户终端传导到受众眼前。发达的信息传播途径、多样化的信息内容,加剧了意识形态的多元化发展,容易造成主流文化的分化,而且网络舆论的控制权掌握在新媒体手中,受众选择的权利被限制,总会不自觉地、被动地浏览和接受。第一,庞大的信息洪流加剧了意识形态多元化,而意识形态多元化趋势的蔓延,泛化了舆论话语权,抢占了我国主流媒体的话语权,猛烈地冲击着我国传统历史文化和主流意识形态;第二,传统文化中封建落后的因素时常出现,腐朽落后的文化在网络媒介中的传播同样值得警惕,我国封建愚昧落后因素还尚未清除干净,在网络监管未到位的情况下,依旧在媒体界面中占据着一席之地;第三,腐朽文化久禁不绝,侵蚀着青少年的身心健康,不仅影响着教育对象的学习积极性,而且还容易把教育对象带入歧途;第四,网络不当言论盛行,网络暴力时有发生。

网络成为传播谣言和非主流文化的地方。在匿名盛行的年代,在网络上发表言论没有相应的法律约束,一些生活不如意者更倾向于在网络上用语言暴力侵犯他人,造成各种信息泛滥,某些丑恶内容在网上广为传播。作为思想政治教育对象的大学生群体,还缺乏一定的辨别能力,若受到不良文化的影响,被不法分子利用,反而与思想政治教育的本来目的背道而驰,实现不了教育"内化于心、外化于行"的目标。

2. 网络文化对高校思想政治教育教学的挑战

网络技术的发展使得全球不断趋于扁平化,互联网拉近了东西方之间的距离,缩短了人与人之间的距离,同时,互联网也使得东西方之间、国家与国家之间的边界更模糊,来自不同国家、不同地域、不同民族的人通过网络认识彼此、互相交流。然而，互联网的飞速发展也为网络不良信息的传播提供了便利。网络信息夹杂着一些色情、暴力等内容，更有一些不法分子通过网络散播封建迷信、宗教仇恨等不良信息，这些不良信息时刻冲击着大学生的思想防线，直接影响高校思想政治教育的实效性。

互联网技术的飞速发展在改变人们传统生活方式的同时，也使人们接收信息、传播信息、交流信息变得更为便捷。大学生的学习、生活都深受互联网的影响，他们通过一台电脑甚至一部手机就能轻松获取自己所需要的信息，互联网使得大学生在学习、生活中面临着更多样化的选择，这也给传统的思想政治教育带来了新的机遇和挑战。不可否认，网络改变了我们的生活，但我们在面对纷乱复杂的网络信息时，不难发现其中也存在着很多不健康的、消极的、负面的信息，这些信息时刻冲击着大学生，能够甄别这些信息的大学生受到的影响较小，但分辨是非能力较弱的大学生收到的影响可能十分严重。这些负面信息会不断冲击着广大学生的思想观念，直接影响思想政治教育的实效性。诚然，近年来我国通过不断加强高校网络思想政治教育建设，也取得了一些成绩，但不可否认，网络作为高校思想政治教育的新阵地，随着网络技术的不断更新与发展，其监管难度势必超出我们的想象。部分西方国家借此通过网络的形式传播西方资本主义制度、价值观和意识形态，试图渐进地颠覆我国大学生的思想观念，部分学生缺乏甄别能力，受西方不良思想观念的影响，对思想政治教育产生了抵制的心理。此外，一些大学生沉溺于网络世界，习惯在网络中寻找心理慰藉，在现实中与他人缺乏正常的沟通与交流，有人甚至产生了心理疾病，这对处于成长成才关键阶段的大学生无疑是极为不利的，也极大地降低了高校思想政治教育的实效性。

3. 网络环境的复杂化弱化了教育的针对性

一方面，网络为新时期思想政治教育提供了一个全接触式的、开放的情感舞台。在网络中，当代受教育者不是被动接收信息，而是主动寻找信息，选择信息，因此，这就需要教育者以平等的身份提供正确的"引导"和"选择"。互动式、引导式的思想政治教育可大大提高思想"灌输"的有效性，使思想政治教育空间变得更广阔、更开放。但与此同时，网络的开放性使得受教育者受网络文化的影响不受时间和空间的限制，这就要求我们的思想政治教育渗透到学校、家庭、社会的每一个角落。因此，学校在网络上进行思想政治教育就特别重要。但有的家长只关心子女的生活与学习，很少关心网络对他们的影响，社会力量几乎很少介入网络思想政治教育领域。

另一方面,教师群体繁重的日常工作弱化了思想政治教育的力度。"互联网+"在教育领域的应用主要集中在教育两大主体上,一个是教师版块,另一个是学生版块。如果期待从"互联网+"的海量信息库中获取关于教师工作和学生成长的全部信息,"互联网+"的使用就十分重要。教育中的"互联网+"分析应以崭新的思维和技术对学习过程中的微观表现进行测量,从多个维度,如努力程度、学习态度、智力水平、领域能力、交互协作等,深层次挖掘有价值的数据信息,揭示其中隐藏的学习行为等模式并以可视化方式呈现。这从根本上反映了"互联网+"视角下的信息分析不仅只是学生群体的整体反映,而且还是个体信息的综合整合,而"互联网+"技术可以从这样的整合中发现学生学习的规律,从而提出有效的预测方法,来改进教学方式,提高教学效率。毋庸置疑,这对于教师的计算机专业素养提出了较高的要求,不仅仅是使用技能,还有分析视角,要避免视角单一和不全面的分析,对于信息的筛选和整合也要十分敏感。思想政治教育是一项知识性、专业性、综合性很强的工作,要做好这一工作,实现教书育人的目的,思想政治工作者就必须具备坚实的理论知识基础、广博的文化常识、敏锐的观察能力、较强的分析研究和表达能力、坚定果断的心理素质等。在传统教育课堂中尚且如此,"互联网+"的普及和传播对于思政工作者的要求无疑又上了一个新台阶。面对大学生日益增强的信息获取能力和不断增长的知识储备量,高校思想政治工作者必须加强对网络知识的学习,提高自己获取、处理和传递信息的能力,不断拓宽知识面,完善自身的知识结构。

但实际上,不少思想政治教育者都是刚毕业的受教育者,他们来自不同的专业,缺乏经验,缺乏心理学、教育学、管理学及思想政治工作学等方面的专业知识,更缺少网络思想政治教育方面的工作经验,只能做事务性的工作,事业目标不够长远,即思想政治教育者缺乏较远大的工作目标。据反映,对于大多数思想政治教育者来说,他们工作的最高目标是不求有功、但求无过,处于被动应付的局面,教育者思想教育工作以不出大事为最高标准。

而目前高校政工干部特别是教育者工作干部严重缺编,仅仅可以做到"文化活动的组织者,突发事件的处理者和日常琐事的中转者",根本没有更多的时间和精力去做深入细致的思想政治教育工作,所以专业人员的专业性和数量都达不到相应的要求。

（四）大数据对高校思想政治教育的挑战

1. 大数据使高校思想政治教育对象思想多元化

大数据纷繁复杂、包罗万象，因此会使高校学生价值观、人生观、世界观产生或多或少的问题。第一，大数据中包括西方国家的思想观念，其中一些错误观念会使学生的思想片面化地扭曲。西方发达国家利用大数据技术，宣扬他们国家的治国理念和治国思想，但由于高校大学生尚处于不成熟的发展阶段，心智还没有完全成熟，很容易被一些消极的甚至反社会主义的观念所诱导与蛊惑。大量数据扑面而来使得学生难辨真假。西方国家打着宣传"自由""民主""平等"的旗号，把自己国家的意志强加于他国，特别是强加于青少年学生，实质上是为自己的国家通过不劳而获的手段夺取更多的别国的经济、政治利益做准备。一部分高校大学生的素质与思想由正面、积极且包含着正能量向着负面、消极充满负能量转换，大学生也由一名刚强且富有正义的社会主义战士向着软弱和极富功利思想的资本主义奴隶转变。

海量大数据使得高校学生难辨真假，在需要做出选择时，他们往往会表现出模棱两可的态度。海量数据波涛汹涌般的出现，能力和经验的限制可能会使学生措手不及。并且在数据平台，并非所有数据都是准确无误的，这就更加深了高校学生正确选择信息资源的难度。由于高校学生的知识、心理素质等都有待提高，他们很容易遭受负面数据的侵袭，使他们抗压能力降低，总是带着负面的情绪参与工作与生活。久而久之他们成为弱势群体，信心乃至人格的塑造都受到影响。

2. 大数据威胁了高校思想政治教育主体地位的权威性

传统的思想政治教育是一种单调的、单边的、缺乏互动性的教育活动。思想政治教育者主体传播信息、讲授知识，思想政治教育客体负责接收信息、听取知识。教育者主导对所讲的内容有高度的决定权并且按照一定知识的排列顺序来讲授，思想政治教育客体一般没有任何的自主权和选择权。在大数据时代，数据量巨大、信息种类繁多，并且传播速度快的特点和优势能够让思想政治教育客体按照自己的想法和需要去收集数据、挖掘数据、分析数据进而认识数据，完成知识体系的架构，还能对思想政治教育者提出有建设性的意见或建议，这样一来就会使思想政治教育工作者的主导性的权威地位受到威胁。

首先，由于条件的限制和搜索信息方式的不同，思想政治教育主体与思想政治教育客体在信息搜集、挖掘、分析、应用等方面都会有或多或少的差异，思想政治教育客体在搜集信息、挖掘信息的方式方面可能比思想政治教育的主体更加专业化，而在分析数据方面思想政治教育客体可能会借鉴网络上数据以自己的思维和观念来分析和判断数据信息，因此这在一定程度上使思想政治教育者的主体地位权威性受到了挑战。

其次，数据时代毕竟是一个新兴的时代，要适应其发展并正确探寻其规律对于高校思想政治教育者还是有相当的难度的，当高校思想政治教育者对于数据时代的到来呈现出模棱两可的态度时，高校思想政治教育者主体的权威性地位肯定会受到挑战。

最后，大数据有价值高、覆盖率大、种类多、数量大等特点，这些都可以使高校学生脱离课堂教学模式，使传统的课堂教学模式慢慢退化，传统的高校思想政治教育主体地位逐渐没落，甚至于使整个传统的思想政治教育制度体系受到质疑，在相当大的程度上使教育者无计可施，地位的权威性受到极大挑战。

3.大数据使高校思想政治教育环境更加复杂化

高校思想政治教育的环境对高校学生树立正确的世界观、人生观、价值观，品德的形成与发展，思想政治素质的提高有极大的辅助作用。只有以世界的普遍交往和联系为基础，主体的发展才能获得巨大空间。高校思想政治教育环境日益复杂化的原因毋庸置疑是我们处于数据时代的背景中，在大数据时代背景下的高校思想政治教育的复杂化主要呈现出三个突出的特征。

第一，国际宏观环境的瞬息万变、盘根错节。国家正处在高速发展和改革的新时期，"地球村"的形成使得各种思想观念横空出世。高校学生借助数据对社会事件、国家政策的了解都是自由化、片面化的。因此，当今高校思想政治教育环境复杂化的新形势对思想政治教育者提出了前所未有的挑战。

第二，微观环境影响。父母是大学生人生观、世界观、价值观形成时期的重要启蒙角色，当家庭与大数据环境发生千丝万缕和错综复杂的关系时，对高校学生影响肯定是显而易见的。高校环境对高校学生的影响是耳濡目染的，高校教师与时俱进的态度、对大数据技术的应用，以及对学生问题的关注程度，对高校学生社会责任感和集体荣誉感的培养、性格的塑造都有很大的影响。

第三，大数据让高校思想政治教育的空间和时间发生了变化。当今数据技术的日新月异为高校思想政治教育提供了相当便利的条件。思想政治教育的空间不仅仅局限于课堂，高校学生可以下载与思想政治相关的数据，与老师在数据平台上探讨科研成果甚至提出质疑和老师一起解答讨论，使得教室、课堂不再是思想政治教育的唯一阵地,数据平台也可成为思想政治教育新阵地,甚至在未来可能还会变成主要阵地。

4. 数据处理难度大对大学生意识形态渗透的挑战

西方国家对我国的意识形态的渗透工作从未停歇,从明目张胆的网络攻击到潜移默化地慢慢渗入,不断变换着方式。国内部分大学生经常沉迷于网络,接触的信息真假混杂,有些学生会被网络信息迷惑,很难将所有错误信息和虚假信息都区分出来,对个人的思想认识和价值观判断造成极大干扰。

大数据时代迫使我们提高自己的数据处理水平,避免让所谓的"普世价值"等错误思想影响到自己的思想。面对海量信息的大学生,容易迷失自己,削弱自己的民族意识。

大数据的运用方便了生活,在为我们带来无限好处的同时也在不断提高高校思想政治教育的实效性。

现如今国际局势紧张,各国利益牵扯不断,而我国在动荡的大环境中迅速成长,可能会面临精神跟不上物质的状况,所以更需要在意识形态上进行严格把控。

经济全球化进程的不断加快以及我国改革开放的不断推进,不但加速了国与国之间经济层面的深度融合,而且也加速了不同国家之间、不同种族之间、不同文化之间的相互交织与碰撞,这虽然能够帮助我们开阔视野,丰富我们的日常生活,但不可否认的是,这些交流与碰撞势必会对我国主流思想文化产生直接的冲击与挑战,也给我国高校思想政治教育工作带来了新的挑战。大学生思维活跃、个性突出,正处于"三观"形成的关键时期,也处于从青少年步入成年的特殊阶段,部分大学生在西方错误思想观念的影响下,产生了崇洋媚外等心理,因此,大学生应自觉抵制西方不良思想观念,从而保证高校思想政治教育的实效性。

5. 数据系统复杂化给高校思想政治教育带来的挑战

大数据能够对海量信息进行分析,实现数据价值的最大化,但随着信息数字的爆炸式增长,无论是信息的收集还是信息数据的分析,都对校园的硬件设备和软件条件提出了要求。

(1) 数据收集与存储困难

在海量的数据信息中寻找有用的数据信息就如大浪淘沙,这就导致大数据的价值密度低,也给数据分析增加了难度。由于学生数量大,个体间差异也很大,家庭状况、社会经历、教育背景等众多复杂因素都影响着数据的收集。与此同时，我们除了收集学生的基本信息之外，还需要收集学生的消费信息、校园出入信息、上网浏览记录及网络留言记录等众多数据信息。除此之外，信息的存储也需要较高的技术设备支撑。收集和存储信息的过程需要教师具备专业的知识与能力素养，从而剔除无用信息，留下可以用于高校思想政治教育的有用信息，为数据处理减轻工作量。

（2）数据挖掘与分析困难

数据挖掘是指在海量数据中找出有用的信息数据，发现数据背后隐含信息的过程。但在这一过程中，数据来源不同、形态不同，给数据分析造成了一定困难。大学生是情感非常丰富的一个群体，但部分学生并不在网络上发布自己的真实想法，加之数据收集具有机械性，无法区别情感的真假，而由这些虚假信息分析出来的错误信息，往往会使思想政治教育工作取得适得其反的效果。在网络环境下，高校对学生的信息收集和存储是碎片化的，将这些碎片化的信息连接起来，并分析其中的相关性，是当前高校运用大数据进行分析的困难之一。如果高校能够将学生的碎片化信息串联起来，找出信息中的相关性，区分真假信息，则能够使思想政治教育向现代化迈进一大步。

（3）思想政治教育工作与大数据技术相结合困难

如果不对收集、存储的数据加以分析、挖掘，则会浪费大量的人力物力，经过分析、挖掘的数据如果不加以利用，那么数据将会毫无价值。大数据时代高校思想政治教育创新的主力军是思想政治教育工作者，其不仅要从形式上和观念上转变思维，而且还应该了解和学习大数据的运行机制，深入大数据的工作当中，切实掌握大数据的分析技术。在当前的思想政治教育队伍当中，掌握这种交叉学科知识的人才较少且不容易培养。所以，培养能分析出数据之间的相关性，并运用到高校思想政治教育当中的人才已经迫在眉睫。

（五）微时代对高校思想政治教育的挑战

1. 思想政治教育工作内容日益繁多

大学生是祖国未来的栋梁，是未来的希望，大学生的思想政治能力如何，不仅关乎其未来的生活及工作发展，更会直接或间接影响整个社会的发展，影响和谐社会的构建。在"微时代"背景下，"微载体"的出现使生活方式不断变化，高校思想政治教育亦逐步呈现出不同于以往思想政治教育的新特点。"微时代"存在很多碎片化信息，不仅有正能量信息，同时亦存在负能量信息。因此，在"微时代"背景下，对大学生加强思想政治教育则显得尤为重要。需要注意的是，为提升高校思想政治教育质量，仅依靠传统思想政治教育方式是远远不够的，应充分结合"微时代"的特征有的放矢地开展大学生思想政治教育工作。正因如此，高校思想政治教育工作更趋复杂。

2. 信息多样化冲击大学生的价值观

随着经济全球化趋势的进一步加强和现代信息技术的飞速发展，信息的传播速度越来越快，传播的范围越来越广。这些先进的现代信息技术为西方和东方文化的积极接触和直接交流提供了快速便捷的手段。在经济全球化的大背景下，各种思想相互交织，西方的价值观、意识形态和生活方式难免会对大学生的思想观念产生一定影响。正因如此，中共中央办公厅颁发的《关于进一步加强和改进新形势下高校宣传思想工作的意见》（以下简称《意见》）强调，必须要加强对大学生实施思政教育，我们需要人才，更需要德才兼备的人才。相关工作者应该端正思想态度，切实了解、掌握和认识社会主义核心价值观，培养出更加适合社会发展需要的"四有五好"青年。《意见》的出台充分体现了党和政府对于高等教育的战略性思考，其指导思想、基本原则和主要任务必将成为新时期进一步加强和改进大学生思想政治教育的重要纲领。当前的大学生多为"00后"，他们个性特点更加突出，对网络信息也更加关注，但各种纷繁复杂的信息也在不断冲击着大学生的思想价值观，之所以产生此种情况，是因为很多大学生的信息判别能力并不强，极容易遭受不良信息的影响。

3. 思想政治教育工作者要与时俱进

任何类型的思想政治教育都是在一定的社会历史条件下进行的，既受社会意识形态的制约，也受社会经济发展状况和社会发展文明程度的制约。在"微时代"背景下，通过细致研究不难发现，当前我国高校思想政治教育的内容和方法略显滞后。政治教育内容存在一定局限性，缺乏时代意识，不能深入人心，不能有效解决大学生的实际问题。当相关问题越积越多时，这些问题就会根深蒂固。为更好应对"微时代"的挑战，高校思想政治教育工作者必须要与时俱进。2019年，学校共青团工作要点中指出，全国思想教育相关工作者应该继续贯彻中央关于加强和改进党的群团工作及进一步加强和改进新形势下高校宣传思想工作的指示要求，突出构建大学生思想政治体系的根本任务，加强针对其各个阶段的思想政治引导，突出成才过程中的素质拓展，突出为学生进行服务的职能，维护学生的根本权益。除此之外，党和国家还对高校思想政治教育工作者提出了很多新的要求。

在"微时代"背景下，为更好地做好高校思想政治教育工作，高校思想政治教育工作者必须及时了解各类信息资讯，充分地了解大学生的关注热点，唯有如此方能更好引领大学生的思想，有的放矢地做好高校思想政治教育工作。与此同时，高校思想政治教育工作者还应积极改变传统思想政治教育工作方式，有效激发大学生学习思想政治的兴趣，切实做好高校思想政治教育工作。

二、泛娱乐主义对高校思想政治教育的挑战

关于泛娱乐主义的含义，很难从词源学的角度做出准确说明。毕竟，学界开始严肃地分析和研究泛娱乐主义，起步于 1985 年。尼尔·波兹曼（Neil Postman）在其论著《娱乐至死》中对电视娱乐进行了彻底的批判，而国内学者开始研究泛娱乐只是近三十年的事情。泛娱乐主义的内涵和外延很难做出标准化的界定，在不同的具体事件中娱乐之"泛"有较大的张力，具有复杂的形态和内容。因而，要从本质上了解泛娱乐主义，必须要在把握泛娱乐和娱乐的本质性差异中洞察到泛娱乐是在不断生成和流变的，不能简单地将一类事物定义为正常的娱乐或泛娱乐，而应做到具体问题具体分析，考察其背后的生成逻辑和解决路径，而不是一味地简单批判和指责。泛娱乐在演变之初时还未构成"社会思潮"的广泛影响力，但"当泛娱乐快速扩张、具备某种广泛流动性时，作为一种思潮、一种逻辑的'泛娱乐主义'就逐步形成并对社会生活产生日益深刻的影响"。

泛娱乐主义能够被称为一种社会思潮，有以下几点原因：①泛娱乐主义在社会上具有广泛影响，深刻影响着现实生活中每一个人的日常生活方式，并由此深入影响每一个人的娱乐休闲方式乃至思维认知和道德观念；②泛娱乐主义已受到广泛关注，引起了政府相关部门的重视，也吸引了众多学者对其展开针对性研究；③泛娱乐主义因时而变，是经济快速发展、媒体技术空前发达、社会文化丰富多元、大众娱乐心理的契合和推动等系统而复杂的社会环境催生而出的。

（一）冲击大学生的思想行为

泛娱乐主义冲击着大学生的思想行为，具体表现为消解大学生的审美鉴赏能力、冲击大学生的思想观念、动摇大学生的政治立场以及考验大学生的道德人格。

第一，泛娱乐主义消解着大学生的审美鉴赏能力。法兰克福学派指出在机器大规模生产文化产品的背景下，文化工业所提供的仅仅是可复制的标准产品，缺乏精雕细琢，并具有伪个性。以搞笑类短视频为例，不少博主为了吸引眼球博取

流量，肆意丑化优秀文化作品、创作无营养的作品。他们以夸张变形的美颜特效、低俗不雅的动作、故意拿捏的语气语调和毫无营养的白话等，冲击大学生的视觉审美。这类作品不能使大学生获得审美鉴赏能力的提升和真正意义上的艺术体验，反倒容易使大学生逐渐木讷迟钝，易于满足于闲暇空虚的生活，甚至导致大学生审美品位和审美能力一降再降，审美取向走向低俗化。

第二，泛娱乐主义冲击着大学生的思想观念。文化工业不断在向消费者许诺又不断欺骗消费者。它许诺说要用情节和表演使人们快乐，而这个承诺却从没有兑现。实际上，所有的诺言都不过是一种幻觉。泛娱乐市场中的各方势力争相收割大学生的注意力，以各种年轻人喜闻乐见的方式取悦他们，其背后隐藏着想要将注意力转化为金钱的商业目的。在"娱乐至上"的虚假需要中，人的快乐的欲望占据上风，战胜了本会对不合理的本能欲望进行压制的自我和超我。一些受泛娱乐主义影响的大学生遵循尽可能满足快乐欲望的原则，追求享乐主义、颜值至上、搞笑为王等价值观念，长期沉浸在泛娱乐的乌托邦中难以自拔。长此以往，大学生容易逐渐失去独立思考的能力，在其话语形态上也会出现语言匮乏肤浅的现象，自然会对思想政治教育话语体系产生抵触情绪和逆反心理。

第三，泛娱乐主义动摇着大学生的政治立场。在泛娱乐主义的众声喧哗和虚假繁荣之下，理性表达仿佛成了异类，情绪化的、轻蔑事实的、调侃式的参与方式反而更为普遍，尤其是在缺乏"他人在场"的现实压力的虚拟网络之下，以自我为中心的非理性宣泄和情绪化表达冲击人的道德认知和道德责任感。这使得高校大学生的政治立场呈现出两种特征。一是政治参与冷漠化，泛娱乐的信息吸引了大学生大量的注意力，使其在思维方式和内容上也会倾向于选择休闲放松的内容，但与此同时关注和参与政治的观念变得更为淡薄，对于社会新闻和政治事务的基本理解力也会下降。二是政治参与的娱乐化。在娱乐至上心理的助推之下，当面对关于国计民生和国际关系等政治话语时，大学生常常采用吐槽、调侃、恶搞等话语表达方式以张扬个性。与此同时，意识形态斗争贯穿其中。法兰克福学派指出，在现代资本主义社会中，垄断利益集团创造出人的各种虚假需要，使人们真实的需要无法得到实现。在泛娱乐的浪潮中，恶搞式娱乐、调侃式娱乐、炒作式娱乐等形式都在进行长期的、隐晦的、潜移默化的文化侵略与文化渗透，以文化娱乐性解构政治严肃性，对我国主流意识形态传播及国家认同记忆造成了极大的破坏与影响。当大学生获取的信息和学校思想政治教育产生冲突时，大学生的政治立场和观念容易因猎奇心理和求异心理而产生动摇，这深刻威胁着以理性对话为基础的健康政治生态。

第四，泛娱乐主义考验着大学生的道德人格。马克思高度强调自由时间对于个人能力的发展和人类社会走向自由境界的作用。但高校大学生的自由时间已经在很大程度上被泛娱乐主义思潮操控，非理性因素怂恿着人的欲望的无限膨胀。一方面，泛娱乐主义在人不易察觉中否定理性主义和普遍意义，在"一切皆可娱乐"的原则下陷入道德相对主义和价值相对主义的泥潭之中，逐渐弱化了大学生独立思考和理性判断的能力，通过在网络上不负责任地发表言论和非理性讨论表达自己的观点；另一方面，泛娱乐主义刺激着人们的欲望，使人暂时逃离现实生活的困扰，以看似自由支配的方式沉浸在虚幻的想象世界中，实际上在这些虚假需要得到实现和满足的过程中泛娱乐主义已经在一定程度上取得了控制人、支配人的地位，最终将阻碍人和社会的全面发展。

（二）消解高校思想政治教育者的权威性

1. 泛娱乐主义对高校思想政治教育者提出了更高要求

高校思想政治教育者的创新精神亟待提高。如果不能及时研究、提出、运用新思想、新理念、新办法，理论就会苍白无力。大学生是媒介消费的最大群体，也是深受泛娱乐主义思潮影响的群体，他们一方面在碎片化的时间里能够从各个新媒体平台上摄取最新鲜的信息内容，并对新鲜事物保持着较高的好奇度，但另一方面他们的媒介素养和独立思考能力尚未成熟，容易潜移默化地被各种思潮误导。这要求高校思想政治教育者要提高创新精神。照本宣科的教学模式早已不再有效，尤其是泛娱乐主义思潮以其肤浅的叙事表达和感官刺激消解着大学生的理性思维和辨别能力，这对高校思想政治教育者的综合素养提出了更高要求。

高校思想政治教育者的视野需要开拓。大学生在碎片化的时间里能够从各个新媒体平台上快速汲取各种类型的信息，视野广阔。高校思想政治教育者难以和大学生保持在同样的场域，除了通用的微信、抖音等社交媒体平台外，大学生还有很多更为小众隐蔽的平台，如豆瓣小组、微博超话等。高校思想政治教育者难以准确把握学生的思想动态和社会思潮的发展动向，难以深入开展思想政治教育，实现立德树人的目标。

2. 泛娱乐主义要求高校思想政治教育者创新话语体系

所有这些精神和心理层面的复杂体验都源于被泛娱乐化外衣包裹的直观"刺激"和感性"体验"。当前，思想政治教育的"话语框架"普遍较为固定，不利于学生准确理解思想政治教育中的话语内容，更谈不上吸收、内化为个体的行为。如若思想政治教育谈论的话题与社会现实相割裂，便会使学生产生理论学习与实际生活相割裂的感觉，难以选择和利用恰当的理论理解现实社会中出现的各种价值层面的冲突，形成对整体社会的正确认知。大学生会怀疑思想政治教育的理论真实性和价值有效性，产生怀疑和抗拒的情绪，难以借助思想政治教育做出正确的行为选择。当前意识形态斗争变得更加复杂，一元化的传统思想政治教育目标忽略了现实情况和社会理念特征，也未考虑到大学生正在广泛获取泛娱乐化信息，容易使思想政治教育被学生贴上"苍白的说教""枯燥又乏味"等标签。

（三）挑战高校思想政治教育的内容和方法

1. 泛娱乐主义挑战思想政治教育的内容

在信息技术和移动互联网快速发展并对大学生产生深刻影响的教育背景下，高校积极探索开展思想政治教育的新方法、新手段。影视作品、综艺节目、红色歌曲等被广泛开发和利用，成为开展思想政治教育的崭新形式，这在客观上有利于增强思想政治教育的实效性。但当教育者自身的判断能力和素养不足以使其把握好娱乐在教学中的度时，泛娱乐主义思潮便以一种名正言顺的方式进入了思想政治教育的课堂，弱化了高校思想政治教育理论课的专业性。例如，一些以红色经典为背景拍摄的影视作品，全然不顾客观的历史事实和高尚的革命精神，为了达到吸引观众注意力的目的，不择手段地篡改历史、恶搞经典。而在泛娱乐主义思潮的席卷之下，高校思想政治教育理论课的吸引力和说服力被消解。此外，教师群体已经广泛接纳了使用多媒体授课的方式，但课件内容常照搬课本，久不更新，无法起到激发学生的学习兴趣的作用。泛娱乐主义给高校思想政治教育带来了极大挑战。受泛娱乐主义思潮影响的大学生群体，在思想观念上往往与传统学校的要求存在一定差别，这给教育者开展日常思想政治教育带来了不小的挑战。如何认识和了解大学生喜闻乐见的文化形式，如何把握大学生内心深处的真正需求，如何在主流意识形态的指导下掌握更加多元化的沟通交流方式，都是当前高校教育者开展思想政治教育必须面对和解答的问题。

2. 泛娱乐主义挑战思想政治教育的方法

泛娱乐主义削弱了思想政治教育理论课的实效性。为了顺应信息技术和移动互联网的快速发展，高校思想政治教师应努力在思想政治理论课上有所创新，使思想政治理论课更有趣味性和吸引力。但不少教师仅仅流于形式，未能让形式很好地服务于内容。更有甚者，部分教师为了迎合学生的畸形审美，过分进行娱乐化教学，将思想政治理论课讲成"娱乐故事汇"，大大弱化了思想政治理论课对大学生的思想引领作用。

此外，随着互联网的高速发展，思想政治教育进网络的工作也得以逐步推进，教育者在利用网络进行思想政治教育方面已经取得了较大突破。尽管教育者有意识地将思想政治教育同信息技术相结合，以在更大范围内提升网络思想政治教育的有效性，如建立了许多思想政治教育网站、微博和微信公众号等，丰富了思想政治工作的形式，但并未引起广大学生的关注和兴趣，也并未真正挖掘出信息技术融入思想政治教育的价值。而泛娱乐主义消解了思想政治教育的严肃性，以远比思想政治教育话语体系更便于大学生群体接受的方式在网络空间横行。

三、市场经济体制对高校思想政治教育的挑战

从一定程度上来说，高校思想政治教育工作是与某些经济基础相匹配的意识形态方面的工作。近年来，我国经济水平不断提升，社会经济生活发生了较大转变，意识形态也发生了很大的变化。这种价值观念的冲击对大学生产生了较大的影响，大学生对思想品德的重视程度普遍低于对知识技能的重视程度，他们在学习中很难提升学习思想政治的积极性。这成为高校思想政治教育中的一个挑战。

当前，随着我国经济社会的深度转型，广大人民群众的生产生活、工作学习方式都发生了显著的变化。部分大学生对高校思想政治教育的内容产生了怀疑，认为在思想政治教育中所学的知识并不能解答现实中的社会问题，部分大学生甚至悲观地产生了道德虚无主义，这必然影响大学生学习思想政治的积极性。此外，近年来的一些社会腐败现象也对大学生的思想观念产生了直接影响，部分大学生对于社会腐败现象未能有清晰的认识与判断，未能看到党和国家从严治党、重拳反腐的决心和意志，也未能看到近年来我国惩治社会腐败现象取得的成绩，而仅仅以消极的态度来看待社会腐败现象，对思想政治教育产生了怀疑心理，这也加大了高校思想政治教育工作者的工作难度，降低了高校思想政治教育的实效性。

四、国家教育方针对高校思想政治教育的要求

我国的教育方针开始转向重视学生的素质教育，这对高校思想政治教育产生了两方面的影响。一方面，其为高校思想政治教育提供了更大的空间和综合素质教育方法，促进了高校思想政治教育教学水平的提升；另一方面，其带来了更加多元化的背景，各项教育目标使得高校教师需要不断地提升自己的教学水平。这对高校思想政治教育来说增加了一定的工作难度，提出了更高的要求。

五、教育工作体系问题对高校思想政治教育的挑战

在高校思想政治教育的实施过程中，教育工作体系问题对提升教育效果提出了一定的挑战。高校思想政治教育要面对的是学校、教师等在教学思想认识和素养等方面的问题，这些也是当前我国高校教育中的弱势所在，对我国的高校思想政治教育产生了一定的阻碍。高校在日常教育中要重视这样的教育挑战，将挑战转变为机遇，积极扭转困境，从而提升大学生的学习效果。

第五章　新时代高校思想政治教育的科学化及共同体构建

随着中国经济、政治、文化与社会的发展、变革，为更好地迎接新挑战，对高校思想政治教育前沿问题的研究就有了更深刻的现实意义。本章分为高校思想政治教育的科学化及其实现路径、高校思想政治教育共同体及其构建策略两部分。

第一节　高校思想政治教育的科学化及其实现路径

一、高校思想政治教育科学化的内涵

（一）科学与科学化

从不同的维度出发，对科学的定义也不尽相同。就建制维度而言，科学首先是一门学科建制，是学理建制和社会建制的总和。《现代汉语大词典》中指出，科学是"反映自然、社会、思维等的客观规律的分科的知识体系"。但是，科学不仅指代由知识体系构成的学理建制，而且包括价值主体将知识专业化、系统化后形成的一种社会建制，是理论与实践的统一。就价值维度而言，科学是最具价值的知识。作为学校教育的基本内容，科学不仅能够直接影响生产力的发展，而且与近现代社会复杂多样的生产关系和价值体系密不可分。在不同的利益群体间，科学既是彰显不同领域内成员身份特征的符号，又是使各类社会群体联系起来的媒介。就方法维度而言，科学作为一种生产力因素，以17世纪资产阶级革命后自然科学的快速发展为背景而产生。因此，其研究方法具有一定的客观性和规律性，主张通过实证性的研究方法全面了解事物存在、发展的客观规律和本质属性。

由此看来，对科学的定义虽然多种多样，但内容总体趋同。人们之所以如此偏爱科学、重视科学，是因为它具备系统性、客观性、规律性、社会性和可预见性等基本属性。无论是从内容上还是从方法上，人们都需要借助具备这些属性的学科建制和研究方法来推动社会向前发展。因此，将社会实践活动中的事物和现象科学化逐渐成为社会历史发展的必然结果。

"化"表示过程，有转变、变化之意。科学化，就是将研究对象的学科建制、研究方法、内容和形式加以规范化和系统化，使之成为符合客观规律的真理性认识，从而指导社会实践活动正向发展。要将某种事物或现象科学化，首先，要将其学科建制科学化。保证学理建制的系统性和科学性是任何理论得以存在的前提和基础。与此同时，要加强和改进学科已有的社会建制，积极创新，为社会实践的发展提供物质方面的保障。其次，要将其价值主体科学化。社会实践的主体是对事物具有认识和实践能力的人，科学的价值性指从人的角度出发去衡量其满足人们需要的意义尺度，必须对价值主体产生积极的意义。最后，要将其研究方法科学化。研究方法的科学化既包括学术研究，也包含行动研究。学术研究要以行动研究为基础，使研究过程摆脱经验化和唯理论的束缚；行动研究要建立完善的方法体系，使研究方法系统、科学地发展。

（二）高校思想政治教育科学化

关于思想政治教育科学化的内涵，学者们众说纷纭，但大多数学者认为思想政治教育科学化的内涵是合目的性与合规律性的统一。具体表述如下：所谓思想政治教育的科学化，是指思想政治教育要在马克思主义的指导下，高扬科学精神，运用科学的理论去揭示、掌握和运用思想政治教育相关规律，以提高思想政治教育工作的实效性。还有学者认为，"思想政治教育科学化就是指在马克思主义科学理论的指导下，运用科学的理念、原则和方法，认识、把握、运用思想政治教育规律，实现思想政治教育最终目的的过程"。有学者指出，"思想政治教育的科学化，要求人们在马克思主义科学理论的指导下，运用科学的理论、科学的原则和科学的方法开展思想政治教育工作，在不断地进行思想政治教育实践的基础上，对思想政治教育的本质及其发展规律进行概括和抽象，使之更加符合人们思想活动的规律，以便提高广大群众建设社会主义的积极性和创造性"。通过上述表述不难发现，对于思想政治教育科学化内涵的概括，学者们较认同合目的性与合规律性的统一。科学性是科学的本质属性，是科学的特征表现，那么，科学化的过程，也可以表述为使研究对象具有科学性的过程。

因此，通过上述表述，结合科学的内涵和科学的属性，我们可以提出这样的想法：思想政治科学化的过程就是使思想政治教育达到科学的状态、具有科学的属性的过程。基于上述分析，可以对思想政治教育科学化进行这样的定义：中国共产党综合运用科学的理论、原则、方法，在遵循人们思想品德形成发展的规律和对思想品德教育规律的前提下，对广大人民在思想观念、政治观点、道德规范等方面施加的系统影响，以实现思想动员、达到政治目标为现实任务，以实现人的全面自由发展的根本目的，从而使思想政治教育具有系统性、实践性、规律性等特征。思想政治教育科学化要求我们不仅要研究思想政治教育这门科学的理论逻辑体系，在实际教育活动中不断增强思想政治教育的实际效果，掌握思想政治教育基本规律，按规律办事，还要求我们将思想政治教育同当代中国的伟大实践紧密相连，在继承中不断进行理论创新。

二、高校思想政治教育科学化的历史进程

（一）高校思想政治教育科学化的理论探索

高校思想政治教育科学化是思想政治工作的重要组成部分，其科学化历程伴随着改革开放的进程得以不断推进，相关理论从形成到完备大致可分为以下三个阶段。

1. 初始阶段

改革开放以来，国内的经济政治体制逐渐步入正轨，在积极完善中国特色社会主义各项制度的同时，人们也开始将目光投放到教育事业上来。在十余年的时间里，关于思想政治教育的对策性思考经历了从无到有的过程。思想政治教育科学化这一命题在1980年召开的思想政治工作座谈会上被首次提出，随即引起了学术界的积极讨论，1988年，党的十三届三中全会通过了《中共中央关于加强和改进企业思想政治工作的通知》（以下简称《通知》），《通知》首次在中共中央官方文件中认定思想政治教育为一门科学，对思想政治教育科学化的探索从这里开始。

2. 发展阶段

自20世纪90年代始，高校思想政治教育开始步入制度化、规范化的道路，德育工作受到重视，1995年，中共中央发布了《中国普通高等学校德育大纲（试行）》，该文件针对高校思想政治教育，尤其是德育中存在的诸多问题做出了规划和指导。2001年，党中央提出要"加大科学的含金量"，科学化进程开始向

纵深方向发展。由此可见，在这一阶段，党和国家已经对现有的制度和政策产生了优化意识。

3. 完善阶段

近年来，无论是中共中央还是各高校教育主体，都在思想政治教育科学化的探寻之路上越走越远，以 2004 年的《关于进一步加强和改进大学生思想政治教育的意见》为开端，高校思想政治教育进入一个崭新的阶段。上述文件的下发，使高校主体更加明确了思想政治教育的教育目的和各级目标，增强了教育者的主体意识，并使得教育方法日渐多样，高校思想政治教育科学化开始由片面发展转为集成发展，由一般发展转为积极发展，由他育转为他育与自育相结合，并始终处于不断完善、积极创新的过程当中。2019 年 8 月，中共中央办公厅、国务院办公厅印发《关于深化新时代学校思想政治理论课改革创新的若干意见》，解决了一些长期想解决而没有解决的难题、规划了许多过去想办而没有办成的大事，引起热烈反响。为进一步推进工作，教育部和相关部门联合印发《关于加快构建高校思想政治工作体系的意见》、《关于加强新时代中小学思想政治理论课教师队伍建设的意见》，颁布实施《新时代高等学校思想政治理论课教师队伍建设规定》，印发《高等学校课程思政建设指导纲要》，打出了政策落地见效"组合拳"。2019 年、2020 年教育部分别印发关于新时代高校思政课创优行动和深化新时代学校思政课改革创新先行试点等工作方案，突出年度工作主题，进一步形成稳扎稳打、层层递进的良好态势。2021 年，中共中央、国务院《关于新时代加强和改进思想政治工作的意见》指出，加强学校思想政治工作，加快构建学校思想政治工作体系，实施时代新人培育工程，完善青少年理想信念教育齐抓共管机制，培养德智体美劳全面发展的社会主义建设者和接班人。这为新时代加强和改进高校思想政治工作指明了方向、提供了遵循。

（二）高校思想政治教育科学化的实践发展

要推动科学化发展，高校思想政治教育的教育主体培养至关重要，在此方面，各高校同样取得了显著成就。1984 年 9 月，我国正式开设了思想政治教育本科专业。1988 年，国家教委决定培养思想政治教育硕士研究生。20 世纪 90 年代初，教育部专门成立了思想政治教育专业办公室以推动思想政治教育的全面发展。1991 年，国家开始编写第一批思想政治教育系列教材，共计 20 余本。1996 年，清华大学、中国人民大学、武汉大学等高校获准增加及调整"马克思主义理论与思想政治教育"专业博士学位授予点。历经数十载的建设，高校的思想政治教育有了更专业的培养渠道，思想政治理论课有了更全面系统的教材。

学科建设不但能推动理论研究，培养更多更专业的教育者，更能为未来高校的思想政治教育活动提供正确的发展方向。2005年，《马克思主义理论一级学科及其所属二级学科简介》（以下简称《简介》）出台，思想政治教育学自此正式成为马克思主义理论一级学科下属的二级学科，《简介》不但将其放置于整个马克思主义理论系统中，更将高校思想政治教育的思想政治教育教学活动摆在至关重要的位置。

三、高校思想政治教育科学化的时代意义

在当今社会，确保高校思想政治教育各方面科学化发展早已不再是一元命题。作为意识形态教育的主阵地，高校思想政治教育必须由专业的教育主体以科学的方式向受教育者传递系统化的教育内容，使受教育者以坚定的立场积极做好投身于实现中华民族伟大复兴事业的准备，与教育者共同完成高校"立德树人"的根本任务，推动学科整体发展。

（一）为实现中华民族伟大复兴创造条件

一方面，复兴之路是具有创新性的教育内容。高校思想政治教育科学化是一个动态的过程，复兴之路的提出丰富了中国特色社会主义理论体系，得到教育主体的高度重视。思想政治理论课是实施中国梦教育的主要途径，只有受教育者意识到实现中华民族伟大复兴的重要性，他们才能更积极地投身于社会主义建设事业，为社会创造更多的物质财富和精神财富。

另一方面，高校思想政治教育科学化能够坚定受教育者实现中国梦的信念。对社会主义事业未来的建设者和接班人进行科学的理想信念教育，是高校思想政治教育的一项基本任务。与此同时，教育所传递的理念是否科学是衡量高校思想政治教育科学化水平高低的重要标准。科学的理想信念、完善的理论体系能够增强民族凝聚力和自信心，在受教育者主体中形成一种普遍的共识，并将这种共识转化为不竭动力，集中力量改革创新、攻坚克难、武装自身，为复兴之路扫清障碍。

总之，通过规范化、系统化的教育理论引导受教育者以国家富强、民族复兴、人民幸福为己任，为深化改革和全面建成小康社会保驾护航，是高校思想政治教育科学化不可取代的重要社会意义。

（二）完成高校"立德树人"的根本任务

"推动高等教育内涵式发展"是党和国家为高等教育改革所确定的方向。该方向的提出标志着我国高等教育打破了以往一味寻求速度的发展模式，迈入注重质量的内涵式发展这一新阶段。基于新阶段的发展模式，教育部于2013年开展了"立德树人"工程。由此可见，完成德育这项任务离不开科学理念的指导，科学的理念应当是以人为本、德育为先、立德树人。只有积极推进高校思想政治教育科学化，将以人为本视作教育目的，将德育为先视作教育要求，将立德树人视作教育根本，进一步整合现有的理论体系，才能全面提升学生的道德素质，促进学生的全面发展。

（三）满足思想政治教育学科的发展需要

学科的体系要与其对应的科学的体系相匹配，学科应向学生传递科学研究中已有定论的、稳定的、重要的基础知识和基本原理。学科与科学的关系应当是以系统的科学知识为基础，才可以建立学科，培养人才，即科学是学科的基础。我国高校的思想政治教育内容既包括具有马克思主义基本原理的共性的学科基础知识，又包括中国特色社会主义理论体系这一创新性的知识体系。高校思想政治教育想要谋求更好的发展，则需要使其共性和个性协调发展，实现自身的科学化。

高校思想政治教育的内容和中国共产党的理论与实践经验密不可分，在我党成立至今一百余年的时间里，党的理论与实践经验得以不断丰富和发展，目前已相当完备。但是，从学科角度出发，高校思想政治教育作为一个有待科学化的知识体系，其教育形式尚且没有摆脱经验化的误区。与实践经验和理论相比，系统化、结构化了的科学理论在实际运用中更能发挥其作用，具有更强大的优越性。因此，基本理论的系统化水平往往代表着一个学科的科学化程度。

作为具有真理性的理论体系，其存在不可能是一成不变的，以动态的眼光来看待思想政治教育学科的发展，是高校思想政治教育科学化的重要前提。时代环境的变化，信息革命的浪潮，价值主体的多元化，受教育者的身份特征，无一不为思想政治理论和学术研究方法的创新提供了必要条件。诚然，创新不会是一帆风顺的过程，在思想政治教育学科发展的过程中，我们将面临诸多挑战，这些挑战将成为我们推进高校思想政治教育科学化的不竭动力和宝贵经验。

四、高校思想政治教育科学化的现状

在改革开放的四十余年里,高校思想政治教育无论是在教学活动、专业发展还是在人才培养方面,较之过去都发生了质的飞跃,其制度建设和学术研究取得了一系列重大成就,实现了高校思想政治教育科学化的新突破。但是,有发展就会出现问题。面对日渐开放的国际环境和国内改革攻坚期的一些负面效应,高校思想政治教育科学化也正面临相应的困境和挑战。

(一)高校思想政治教育科学化取得的成就

对高校思想政治教育科学化的研究可以从宏观和微观两个层面去把握,即学科建制初步建立,是将高校思想政治教育学科作为思想政治教育系统内部的一个子系统加以研究的,以宏观视角看待学科的整体发展;教育主体、教育手段和研究方法所取得的进步,是高校思想政治教育这一系统内部构成要素的变化,是本学科微观层面的发展。

1. 学科建制初步建立

"建制"是社会学领域的一个重要概念,原指社会组织内的结构性编制、体系及其建构过程。任何一门学科发展到比较成熟的阶段时,都会形成与自身发展相匹配的一系列知识体系、制度体系、组织系统和物质支撑系统,它们是观念组织与社会组织的结合,即学科建制。学科建制具有学理建制和社会建制双重属性,二者互为表里,共同支撑思想政治教育的专业化发展。

①学理建制初具雏形。内在的学理建制是指学科的逻辑范畴与知识体系。一方面,经过相当长时期的建设,思想政治教育的逻辑范畴从无到有,包含基本原理同马克思主义理论的关系、教育内容同相近学科知识的关系、专业知识与社会应用的关系。以上三种子关系相辅相成,共同构成了知识体系的逻辑范畴。

另一方面,知识体系是高校思想政治教育的基础。当前,我国高校形成了相对明确的思想政治教育专业知识结构,主干学科与分支学科相互推动、互为依托,思想政治教育的知识体系日渐成熟。在进行学科建设的三十余年里,虽然不乏问题及阻碍,但高校思想政治教育学科的专业化依然取得了突破性进展,这是有目共睹的事实。

②社会建制迈入新阶段。外在社会建制是指学科的社会组织与分工机制,代表一种稳定的社会模式和安排,包含其自身的物质载体、组织形式和行为规范。首先,在机构设置方面,当前高校思想政治教育的实体机构主要包括理论研究系

统和实际工作系统。其中，理论研究系统主要由全国各高校的思想政治教育教研室构成。理论研究系统承担着学术研究的重大责任，数年来成绩斐然。思想政治教育主要包括三个子系统，分别是党政系统、军队系统和高校系统。其中，高校系统担负着学术研究和人才培养的重要任务，其基本任务是促进学生的思想发生转变，是思想政治教育的重要组成部分。

其次，在制度建设（行为规范）方面，中共中央、国务院发布的《关于进一步加强和改进大学生思想政治教育的意见》（以下简称《意见》）体现了党和国家在推进高校思想政治教育发展方面的战略部署，是标志着高校思想政治教育科学化进程迈上全新台阶的纲领性文件。为全面贯彻落实《意见》的精神，教育部发布了《普通高等学校辅导员队伍建设规定》等相关配套文件。一系列文件的发布明确了高校"培养什么样的人，怎样培养人"的教育目的，为高校思想政治教育科学化进程实现新一轮质的飞跃打下了坚实的基础。中共中央、国务院印发了《关于加强和改进新形势下高校思想政治工作的意见》（以下简称《意见》）。《意见》强调指出，高校肩负着人才培养、科学研究、社会服务、文化传承创新、国际交流合作的重要使命。加强和改进高校思想政治工作，事关办什么样的大学、怎样办大学的根本问题，事关党对高校的领导，事关中国特色社会主义事业后继有人，是一项重大的政治任务和战略工程。多年来，以上述《意见》为首的一系列相关规定得到贯彻落实，系统内部的部门各司其职，初步建立并完善了高校思想政治教育的制度体系。

2. 教育主体质量提高

1984年9月，我国第一批思想政治教育专业本科生入学，当时国内仅有12所高校开设了思想政治教育本科专业，尚无硕士点和博士点。此后，各高校先后开设了思想政治教育本科专业、硕士学位授予点和博士学位授予点。至2005年，思想政治教育形成了三级完备的学科体系，学科建设初步实现了系统化。十余年间，面向本科生和研究生的思想政治理论课系列教材有了较大的改进，与此同时，领域内不乏高质量的著作。

国家十分重视对教育者的培养和选拔，高校思想政治教育者要以"专职为主，兼职为辅"。专职人员主要包括思想政治理论课教师、辅导员、党政干部和团委干部等，他们是承担高校思想政治教育任务的核心团队，是对学生的学习生活和价值观念进行正向引导的主要力量。兼职人员主要包括优秀的高年级党员或从研究生中甄选出的学生辅导员，他们与学生的距离较近，可以利用自身的年龄优势帮助学生树立正确的学习观。这种专兼结合的模式，不仅增加了教育队伍的数量，而且能在实际工作中发挥更大的作用，从而形成一个结构合理、精干高效的教育团队。

3. 教育手段有所改进

①统一教学与因材施教相结合。科学有效的教育手段必然以遵循受教育者的身心发展规律为前提。思想政治教育的发展要突破以往教育手段的限制，就要在时代环境中看待受教育者，深入理解新时期影响受教育者性格特征的因素，并有效利用这些因素辅助教学，以达到预期的教学目的。

当前，高校思想政治教育队伍呈现出年轻化趋势，教育者与学生之间的年龄差正在缩小。绝大多数教育者都能全面把握学生的性格成因，妥善处理统一教学与因材施教的关系。高校学生已经成为个性、时尚、朝气蓬勃的代名词，其性格特征不同于以往的任何一代人。他们的内心不认同传统的灌输式教学手段，而是渴望更为新鲜且带有创意色彩的教学模式。此类需求为高校思想政治课的创新发展提供了新的范式，推动了教育手段的正向发展。

②显性教育与隐性教育相结合。新媒体是时代进步的产物，其出现加速了信息的群际传播，使个体间的交流互动更加密切，也使得学生接受思想政治教育的途径不再局限于课堂教学。在信息化进程不断加速的今天，任何社交软件和新闻客户端都可以成为学生获取知识的渠道，每一条时政要闻都是学生理解知识的案例，隐性教育对学生的影响也在大幅提升。

目前，高校思想政治教育主体已经能够在课堂之外有效利用微博、微信等客户端对学生进行信息引导，大多数高校和院系已开设官方微博、微信公众号等公共平台，为学生推送时政信息、解决实际问题，关心学生的学习和日常生活。此类做法表明隐性教育这种教育手段已经得到教育者的重视，与显性教育共同成为教育者对学生进行价值引导和道德教育的主要途径。

4. 研究方法取得进步

科学的形成要经历两个阶段，一是材料的积累，二是材料的整理。在数千年的发展过程中，人类已经为思想的发展积累了丰富的历史材料和宝贵经验，对这些材料的整理和对经验的总结为社会思潮的发展提供了范式，并使社会秩序井然。自成立以来，中国共产党一直致力于带领人民共同创造社会历史，在此过程中，我们积累了诸多历史材料，并将其整合成现实经验。

自《意见》发布以来，对高校思想政治教育的研究工作进入归纳整理材料的新阶段。从研究对象来看，研究工作存在两类不同的价值取向，一是学术取向，二是行动取向。如何整理已有的材料并深入理解其内涵，使思想政治教育成为系统化的知识体系取决于学术研究方法。在现代辩证唯物主义方法论的指导下，我国高校思想政治教育已经形成了相对独立的话语系统，确定了基本概念范畴，并初步建立了完备的理论体系。随着大数据时代的到来，高校思想政治教育的行动研究也得到越来越有效的开展。

（二）高校思想政治教育科学化的现实要求

1. 牢牢掌握党对高校的领导权

当前，虽和平发展已成世界大势，但利益冲突、矛盾纠纷、文化碰撞等导致世界不稳定的因素依然存在，尤其是西方社会思潮仍不断冲击着我国的思想政治教育。从国内而言，我们处在改革的深水期和攻坚期，思想观念相互交锋，价值理念相互交织，道德观念相互交融，利益矛盾相互交错，正处在大发展大变革大调整时期，思想政治教育的政治话语力量在此种社会背景下被不断削弱。在思想观念领域，由于多元文化的影响，历史虚无主义等社会思潮顺世界发展潮流之势涌入中国，在意识形态领域冲击着思想政治教育的主流意识形态指引力。可以说，在这种形势下，高校思想政治教育面临新的挑战，如何坚持"立德树人"中心环节并坚持社会主义办学方向，如何培养能够担当民族复兴大任的时代新人成为必须思考的问题。因此，必须坚持党对高校的领导。

牢牢掌握党对高校的领导权，究其本质就是对党对中国特色社会主义事业领导权在高校范围内的保障。把握党在高校社会主义办学方向上的领导权是党对高校领导权的根本表现，贯彻党的各项方针政策，坚持中国特色社会主义高校性质，这是不容动摇的根本。牢牢把握党对高校的领导权，就要把握党在高等教育新时代改革事业中的领导权，这是重要抓手，要在贯彻落实党委领导下的校长负责制的基础上，深化高校教育体制机制的改革，实现高等教育的内涵式发展，推进高校治理体系和治理能力现代化建设。牢牢把握党对高校的领导权，还要把握党在高校思想政治工作中的领导权，要切实将思想政治工作贯穿到教育教学的全过程，使高校能够坚定"四个自信"。牢牢把握党对高校的领导权，还包括把握党在人才队伍建设中的领导权，以及党对基层组织建设的领导权等。

2. 贯彻高等教育"四个服务"

在全国高校思想政治工作会议上，习近平总书记强调思想政治教育是凝神聚魂的工作，是增强主流意识形态的吸引力，是马克思主义意识形态话语权处于主导地位的关键，涉及的是"培养什么样的人、如何培养人以及为谁培养人"的根本问题，强调要把思想政治工作贯穿于教育教学全过程，学校其他课程要与思想政治理论课同向同行，形成协同效应，同时，还对高等教育提出了"四个服务"的要求，体现了党中央高度对高校思想政治教育的高度重视，同时也明确了高等教育"四个服务"的发展方向。

明确高等教育"四个服务"的发展方向，首先就要明确高等教育"为人民服务"的发展理念、价值取向。思想政治教育做的是人的思想工作，是为党的中心工作所服务的，主要解决培养什么样的人、如何培养人和为谁培养人的问题。习近平总书记说过，以人的全面发展为中心的社会发展、社会进步是经济发展的最终目的，这里指明了人的全面发展同社会全面进步的关系。习近平总书记将"以人民为中心"作为人的全面发展的新理念，关注人的主体地位，成为发展的起点和最终归宿。要确保高等教育"为人民服务"价值取向的落地生根，就要让大学生感受到该理念的合理性和重要性，只有从大学生的实际出发，为大学生成长成才服务，才能在高校更好地坚持"以人为中心"的价值取向。

明确高等教育"四个服务"的发展方向，其次就要明确高等教育"为中国共产党治国理政服务"的发展要求，自觉维护党中央的领导权威。

明确高等教育"四个服务"的发展方向，再次就要明确高等教育"为巩固和发展中国特色社会主义制度服务"的发展任务，这是保证高校办学坚持社会主义方向的根本，中国特色社会主义制度是具有历史成色和时代亮色的统一体，是党领导下几代中国人民共同努力所形成的智慧结晶。

明确高等教育"四个服务"的发展方向，最后就要明确高等教育"为改革开放和社会主义现代化建设服务"的培养目标，是培养当前时代和国家建设任务所需人才的核心任务，是我们在实现中华民族伟大复兴道路上应长期坚持的培养目标。

3.坚持"立德树人"中心环节

中华人民共和国成立以来，党中央一直提倡"立德树人"，将其视为教育的指导思想和要求，并随着社会实践的不断深入赋予其时代内涵。党的十八大首次把"立德树人"作为教育的根本任务。为巩固"立德树人"的中心环节的地位，在2017年，教育部颁发了《普通高等学校学生党建工作标准》，推进高校党建工作组织化、规范化发展，同时还制定了《高等学校马克思主义学院建设标准》

及《普通高等学校辅导员队伍建设规定》等文件,对高校思想政治教育工作队伍落实"立德树人"根本任务做出了相应的规定。

党的十九大以来,思想政治教育在定位、功能、要求、目标等方面发生了深刻的变化。但处于新时代历史条件下的思想政治教育继续推进马克思主义大众化、时代化的历史任务并没有改变,"立德树人"在新时代被提到了更高的位置,成为高等教育的根本任务和中心环节。

坚持以"立德树人"为中心环节,首先,要使各种教育力量与"立德树人"根本任务同向同行、相互补充,将教书育人、管理育人、服务育人、实践育人等有机结合,形成教育的合力。思想政治教育工作,作为高校工作的一部分,已不再服务于中心工作,而是成了高等教育培养人才的中心环节;不再服务于中心工作,而是直接成为中心,从基础性、背景性要素提升到中心性、前台性地位。其次,要坚持"四个坚持不懈"。习近平总书记指出要坚持"四个坚持不懈",这是高校办学的要求,是思想政治教育中心地位的保障。再次,要注重教师队伍师德师风的建设,教师要以其政治信仰、道德品质、精神风貌、人格魅力来影响当代大学生,积极做到"教书和育人相统一""言传和身教相统一",通过耳濡目染、潜移默化来完成"立德树人"的任务。最重要的是,思想政治教育要善于解决矛盾,解决培养担当民族复兴大任的时代新人的目标同大学生实际思想政治素质之间的矛盾,针对大学生思想实际开展高校思想政治教育。最后,要努力做到"六个下功夫"。习近平总书记在全国教育大会上提出"六个下功夫",为时代新人的成长成才赋予了新的内涵与目标,同时也为思想政治教育培养时代新人提出了要求。思想政治教育要通过思想引领、政治引导、教育引航,来塑造社会成员的思想观点、政治信仰、价值观念、道德品质。同时还要满足人的精神需求,建构人的精神世界,提升人的文化素养,提高人的道德境界,最重要的是,坚持时代新人的政治内涵、坚定时代新人的政治方向。

习近平总书记在党的二十大报告中指出:"我们要办好人民满意的教育,全面贯彻党的教育方针,落实立德树人根本任务,培养德智体美劳全面发展的社会主义建设者和接班人""全党要把青年工作作为战略性工作来抓,用党的科学理论武装青年,用党的初心使命感召青年,做青年朋友的知心人、青年工作的热心人、青年群众的引路人。"党的二十大报告为高校践行立德树人根本任务,特别是回答好"怎样培养人"的关键问题,提供了政治指引。我们必须坚持社会主义办学方向,坚持用习近平新时代中国特色社会主义思想铸魂育人,引导广大青年做理想信念的"笃行者",做勇于担当的"践行者"。

（三）高校思想政治教育科学化面临的问题

尽管建设过程中取得了许多令人瞩目的成就，但科学化始终是一个动态的发展过程。当前，高校思想政治教育科学化所面临的问题，既包括总体发展方向上的宏观问题，也包括微观建设上的问题。只有全面地认清本学科在科学化进程中所面临的问题，并不断对已经不适应现实发展的制度和理论予以否定，对前沿理论加以规范和创新，高校思想政治教育学科才能始终具有科学性。

1. 学科建制水平和质量有待进一步提升

①学理建制系统化水平不高。一方面，尽管基本内容已经形成，但高校思想政治学理建制还缺少结构清晰的知识体系，特别是元知识体系，即缺少对高校思想政治教育规律的研究。高校思想政治教育规律可大致分为宏观规律（产生和发展规律）、中观规律（管理规律、工作规律和过程规律）和微观规律（教育规律和接受规律）三个层次，全面把握各个层次的规律并合理运用，对于促进高校思想政治教育的科学化发展具有十分重要的意义。但目前对高校思想政治教育元知识体系的研究相当匮乏，同时缺少对教育规律的研究和应用，三个层次之间也少有联系。另一方面，思想政治理论系统缺乏开放性。所谓开放性，是指系统内部诸要素能与外界进行信息交流和互换。高校思想政治教育是一个复合概念，无论是在学术研究还是在实际应用中都不可避免地与教育学、社会学等其他领域发生联系，所以对这些相关领域的理论前沿进行研究十分有必要。但目前，对这两方面的研究还未取得实质性的进展。

②社会建制仍有提升空间。一方面，高校思想政治教育机构设置缺乏整体性，主要表现为高校思想政治教育的理论研究系统和实际工作系统缺乏互动与交流。中国思想政治研究会是由中宣部领导的推动思想政治工作发展的全国性社团法人，其主要职能是组织思想政治教育理论研究和应用实践活动。基于这一职能，各子系统应紧密团结在政研会周围，并积极加强交流和互动。然而，高校思想政治教育的发展时间不长，两大系统之间没有形成完善的交流和互动机制，存在着各自为政的状况。这一状况阻碍了高校思想政治教育理论研究的深化，影响了实际工作的有效开展。加强两大系统之间的联系既能够推进高校思想政治教育积极发展，同时也可提高高校思想政治课堂的实效，具有重大意义。

另一方面，高校思想政治教育制度建设需要进一步加强。首先，尽管已经确立了基本制度，但高校思想政治教育制度体系的完整性和内容的准确性仍然有待提升。其次，高校思想政治教育的执行力度不够。大学时期、研究生时期是人生的关键阶段，高校学生的任务很重，既要掌握专业知识与技能，又要应对各类考试，部分学生还肩负着考研和就业的巨大压力，难免会顾此失彼。因此，有的学生在时间本就不甚充裕的思想政治课堂上做自己的事情，再在考试前"突击背诵"考试重点。面对这种情况，有的教师也只好"放水"，降低对学生的要求，降低考试、考核的难度。

2. 部分主体存在非科学的认知和行为倾向

①教育主体建设成效不大。一方面，高校思想政治教育队伍的结构有待进一步优化。这里的结构既包括教育主体的年龄结构，也包括教育主体的专业结构。就年龄结构而言，当前高校思想政治教育主体的年龄呈现出多层次的趋势，不同年龄段的教育者各有各的优势。青年教育者的工作积极性较高，具有创新思维，与学生的年龄差小，相处融洽；中年教育者思想成熟，工作效率较高；年龄较大的教师德高望重，具有深厚的学术底蕴，在学术研究和人才培养过程中更是不可或缺。但目前在高校中，各年龄段教育主体间分工不明确，教育者的年龄优势得不到最大限度地发挥。就专业结构而言，高校思想政治教育学科的综合性、应用性较强，教育者不仅要向学生传递理论知识，更要对学生的价值观和道德规范加以正向影响，做到德育和智育相统一。

另一方面，教育主体的综合素质有待提高。当前，高校思想政治教育者的准入要求已相当严格，若论及专业知识水平，绝大多数教育者都是本领域的翘楚，是高学历、高素质的人才。但思想政治理论课的课堂教学则是另一门艺术。因此，所谓教育主体的综合素质不仅包括教育者的专业知识水平，而且包括教师的语言表达水平、组织管理能力、处理教材的方法、课程资源的开发能力、对学生的关注度和团队合作精神等一系列教学能力。当前，一部分教育者在教学技能方面理论有余、实践不足。因此，提升教育主体的综合素质就显得尤为重要和紧迫。

②受教育主体建设存在的问题。一方面，部分高校学生的价值观不明确。"00后"是极具时代感的特殊群体，他们生于和平发展的时代，没有受到过战争和贫穷的影响，同时又面临着经济全球化浪潮的冲击和多元文化带来的影响。总体来说，"00后"高校学生的主流思想态度是积极向上的，并带有鲜明的个性色彩。但价值观念现实化、功利化仍然是这一群体不可避免的通病。此外，部分高校学生还存在诚信观念和合作意识缺失等问题。如若这些问题得不到及时解决，将对我国未来一代青年的发展造成十分严重的影响。

另一方面，部分高校学生的某些道德行为存在问题。道德行为受道德认知、道德情感和道德意志的影响，如果受教育主体的价值观念出现问题，错误的道德行为就很难避免；加之新媒体的开放性提高了信息传播的速度，高校学生的道德意志受到了前所未有的冲击。要解决此类问题，就要对学生进行道德教育，使学生形成积极正向的道德认知与道德情感，形成"正能量"，从而坚定学生的道德意志、改善学生的道德行为。

③主体之间缺乏互动和交流。一方面，教育主体与受教育主体共处的时间、空间有限。近年来，随着高校的不断扩招，师生比例随之缩小。身为公共课教师，各高校马克思主义学院的思想政治理论课教育者要面对的是全校学生。教师无法兼顾每一位学生，教育者与学生的交集几乎仅限于思想政治理论课课堂。在有限的时间内要顾及的学生越来越多，分配给每位学生的平均时间也就越来越少。

另一方面，主体之间呈单向授受状态。当前，绝大多数思想政治理论课均采用讲授式教学法。这种方法虽然能将知识体系较为全面地展现给学生，呈现出知识的完整性和系统性，却忽略了学生的主体地位，没有考虑学生对知识的接受程度，错误地将学生置于被动接受的地位。无视学生的学习能动性而一味地讲授，会使其学习的积极性大打折扣，削弱思想政治理论课的实效性。尽管在新媒体时代下，部分教师已经意识到此类问题，并辅之以多媒体教学手段，使思想政治理论课的趣味性得到提高，但仍旧没有摆脱课堂教学单向授受的状态。只有改进课堂教学方式，注重对学生学习积极性的启发和引导，才能从根本上解决这一问题。

3.缺少对教育评价体系建设的全面反思

①评价结果缺乏数据统计。评价指标的多样性导致了评价结果的多重性，每一种评价结果都能够反映思想政治理论课课堂教学中存在的某方面问题。但是，未经数据化的评价结果是不具有科学性的，无法对其进行系统梳理和概括。例如，在期末考试中，在试卷具有良好的信度、效度和区分度的前提下，计算不同分数区间内学生人数占学生总人数的比例，能够更清晰地反映课堂教学的有效性，为日后教学计划的制订提供参考。如果不这样做，而是仅仅通过试卷评阅得出每一个学生的成绩，那么此次教学评价的结果则是不全面的。

②缺乏对教学评价的激励机制。无论是教育者还是受教育者，都需要激励机制去调控他们在教学过程中的能动性。当然，我们并不否定教育者的职业道德，

但从客观上来讲，激励制度与教学效率之间成正比关系。如果将思想政治理论课教师的考核评估体系与教学评价结果相关联，评价结果较好的教师能够在物质上和精神上得到肯定，教学评价结果的利用效率将会大幅提升。只有这样，数据化了的教学评价现象才能得到反馈，用以指导今后的教学实践活动。

五、高校思想政治教育科学化的实现路径

（一）高校思想政治教育学科建制的科学化

学理建制与社会建制互为表里，要实现高校思想政治教育学科建制的科学化，必须"强内优外"，深化学理建制的基础地位，提高知识体系的成熟程度，同时使外在社会建制进一步系统化，内外相得益彰，共同推动思想政治教育学科良性发展。

1. 提升学科学理建制水平

（1）坚定学科信仰和学科自信

思想政治教育学科信仰体现了教育主体对本学科发展的信心、对学科理念的坚持、对学科立场的维护和对学科观点的认同，是一种稳定的心理状态，在完善学科学理建制的过程中，面对理论问题的探讨，教育主体都要保持这种心理状态。高尚的学科信仰是学科自信的体现和学科自觉意识的表达。加强思想政治教育学科的学理建制，要求教育主体不仅要对马克思主义基本观点和自身政治立场持有积极的认同感，更要对思想政治教育学科抱有坚定的学科信仰和信心，并以此为动力，强化自身的主体地位。坚定学科信仰，强化学科自信，是提升思想政治教育学科学理建制水平的必要前提。

（2）加强元知识体系建构

高校思想政治教育元知识体系的研究对象是高校思想政治教育的内在规律，规律是本质的现象，对内在规律的探讨离不开对思想政治教育本质的深入研究。

首先，高校思想政治教育元知识体系的建构要立足社会实践。历史唯物主义认为，社会意识产生于物质资料生产方式等诸多要素所构成的社会存在，社会意识的发展离不开社会实践的进步和社会关系的演变。因此，立足实践、推动个体的社会化，是构建高校思想政治教育元知识体系的观念基础。

其次，加强对历史材料和现实经验的归纳与整理。对近代以来尤其是新中国成立以来思想政治教育的发展历程进行系统梳理，可以得出高校思想政治教育的

发展规律。只要具备相应条件，社会规律可以反复作用，更加有效地推动社会实践正向发展。

最后，要强化规律系统内各层次之间的交流。高校思想政治教育的三个层次，如前文所述即宏观规律、中观规律和微观规律之间存在着密不可分的联系，教育规律与接受规律是主客体关系，过程规律是中介。因此，微观规律的发展能够推动中观规律和宏观规律的积极发展，宏观规律的进步又能促进中观规律和微观规律的发展。强化各层次规律之间的交流，使教育主体全面把握三个子规律，元知识体系才能更加成熟。

（3）推进基本理论的再系统化发展

基本理论是高校思想政治教育的生命基础，基本理论的再系统化是在理论体系已经具备一定系统化水平后的进一步整合和探索。高校思想政治教育基本理论的再系统化，就是要不断对马克思主义及其中国化的相关基本理论进行系统整理与反思。高校思想政治教育基本理论的再系统化过程要注意以下几点。

首先，要将基本理论统一于实践基础。研究对象清晰化，能够为实践基础划分出明确的范畴，将此范畴内所进行的理论研究作为基本理论系统的核心部分，能够实现理论的系统性与实践的针对性的统一。

其次，要将基本理论统一于理论基础。实现基本理论与理论基础的统一，就是要对马克思主义及其中国化理论体系进行科学有效的解读和应用，并积极内化现代辩证唯物主义世界观和方法论，在理论研究过程中不断进行哲学反思，保证理论范式的科学性。

最后，要将基本理论统一于临近学科的理论前沿。高校思想政治教育学理建制所面临的问题之一是学科理论系统缺乏开放性，系统内的要素与外界缺乏信息交流。要加强临近学科间的多边互动，就要积极与邻近学科和交叉学科的学术前沿进行对话，借鉴交流，彼此相互促进，共同发展。

2. 优化学科社会建制方式

社会建制是学科成熟发展的物质保障，也是思想政治教育的优势所在。在优化本学科社会建制的方式问题上，应重点讨论如何通过优化机构设置和加强制度建设来提升高校思想政治教育的科学化水平。

①加强宏观控制，调整机构设置。首先，整合现有学科组织。在行政权力系统的推动下，绝大多数高校马克思主义学院的各方面建设均取得了显著成就。但是，作为发展中的学科，建制性的思想政治教育理论研究系统和实际工作系统的

组织化程度仍有待提高。要想提高现有学科组织的系统化水平，仅仅依赖各高校的马克思主义学院是不够的，必须上升到更为宏观的层面。通过全国和地方的统一规划和合理控制，加强思想政治教育研究会、思想政治理论教学指导委员会等机构的建设，普遍提高各高校的组织化总体水平。

其次，建立理论研究和实际工作两大系统的交流机制。要实现两大系统的交流和沟通，体制机制的保障必不可少。理论研究系统的科学化旨在丰富高校思想政治教育的内容，实际工作系统科学化的目的是使教育内容的应用更加具体化，两大系统之间存在自发的联系，在多次交流的基础上必然能形成相应的交流机制。但是，我们不能被动等待交流机制自行发展，必须主动增加经费投入、加大建设力度，建立相应的体制机制，实现理论与实际的结合。

最后，充分利用各种社会资源为优化学科社会建制服务。近年来，哲学社会科学的发展受到国家和社会的广泛关注。作为一门理论性与应用性兼具的学科，马克思主义理论及其下设二级学科所拥有的社会资源已十分丰富，表现为科研经费逐年递增、各类红色资源面向高校无条件开放等。高校要合理利用社会资源，科学分配科研经费，充分发挥资源优势，达到优化学科社会建制的目标。

②理论联系实际，构建制度体系。高校思想政治教育制度是思想政治教育活动的行动指南，其功能主要包括导向作用和调控作用。因此，要构建科学的制度体系，必须使高校思想政治教育制度具备合理性、合法性和现实性。

一方面，保证制度内容的合理性。科学的制度内容能够赢得主体的价值认同。高校思想政治教育制度的合理性在于其内在实质与外在逻辑具有一致性，表现为制度内容与学科内在规律的一致性。二者的一致性越高，则制度的合理性越强。在制定制度的过程中，制度规则必须遵守制度理念，并具有相对的稳定性，以保证在一定时间段内制度主体都能够适用，不会随意改变。

另一方面，保证制度体系的可操作性。制度现实性的实质在于理论和实践的一致性，即可实现性和可操作性。

（二）高校思想政治教育主体建设的科学化

高校思想政治教育科学化的最终目的在于使受教育者全面发展。人才培养是教育者与受教育者相互作用的过程，主体建设的重要性不言而喻。主体建设不能一概而论，要有一定的针对性，要坚持辩证唯物主义矛盾分析方法，从两大主体的特殊性出发对症下药，实现高校思想政治教育主体建设的科学化。

1. 加强教育主体建设

高校思想政治教育的主体主要包括思想政治理论课教师、辅导员、党政干部、团委干部、心理健康教育者。要全面提高教育者的整体素质，必须兼顾教育主体的每一个组成部分。

①建立高校思想政治理论课教师培训体系。要加强思想政治理论课教师队伍建设，就要培养一批政治立场坚定、理论基础深厚、职业理想崇高的骨干教师。为此，各高校要建立完善的教师培训体系。

②构建高校辅导员队伍科学发展模式。辅导员是教育主体中与学生联系最为密切的人，是高校日常思想政治教育的责任主体。为确保辅导员队伍科学发展，不仅要按合理比例确定辅导员的数量，明确辅导员的职责范围，而且还要对辅导员队伍进行定期培训与考核，并严格按照考核的结果对辅导员做出评优奖励，以确保辅导员的工作热情。

③明确党团组织职责。高校的党团组织承担着组织实施思想政治教育工作的重要责任。明确组织职责有助于发挥党团组织自身的优势，提高思想政治教育各项活动的实施效率。在宏观政策的制定过程中，要发挥领导层的方向性作用；在各项具体工作的开展过程中，要依靠学院中层、基层党团组织的力量。

④组建专业的心理健康教育队伍。高校思想政治教育总目标与心理健康教育总目标具有内在一致性，即实现学生的自由全面发展。开展高校思想政治教育主体建设的重要途径之一就是组建专业的心理健康教育队伍，并使其与思想政治理论课教师相结合，以实现高校思想政治教育德育功能与智育功能的统一。组建专业的心理健康教育队伍最重要的是人才，除制定严格的准入制度外，还应对已经加入队伍的教师进行系统、专业的训练，增强教师的心理辅导意识和行为矫正能力。

2. 加强受教育主体建设

基于高校学生这一群体自身的优势和不足，受教育主体建设工作的重点在于对受教育者开展主体性教育和价值观教育，增强高校学生的个体自信和民族自信，培养学生的主体意识和政治素质。

①通过主体性教育，激发受教育者的内在教育需求。激发受教育者的主体意识，引导受教育者独立自主、自觉能动地进行认识和实践活动，是主体性教育的最终目的。高校思想政治教育受教育者的主体性教育，主要可以从以下几个方面入手。

首先，启发受教育者的主体意识。主体意识代表着受教育者内在的教育需求，主体意识越强，受教育者的教育需求就越高，越能得到更健全的发展。为启发受教育者的主体意识，教育者应树立新的教育理念，尊重学生的主体地位，为学生留下自我学习的时间和空间，将学生组织（如学生会、社团）作为学生自我教育的平台，积极肯定学生的工作，并引导学生通过各种形式的实践活动创设和谐、宽松、民主的校园文化环境。

其次，增强受教育者的主体能力。主体能力主要指受教育者的自控能力、学习能力和创造能力。较强的主体能力能够使受教育者独立自主、自觉能动地计划和规范自己的学习活动，并取得良好的学习效果。最了解受教育者教育需求的人是受教育者自己，增强受教育者的主体能力，就是提高受教育者的自主性和创造性，使他们成为学习活动的计划者和实施者。

最后，塑造受教育者主体人格。主体人格是受教育者思想政治修养的综合性概括，是受教育者人格尊严、价值观念和道德品质的总和。高校思想政治教育的意义不仅在于传授思想政治理论知识，更在于完善受教育者人格。塑造受教育者主体人格，就是在思想政治教育实践活动中引导受教育主体进行价值判断和价值选择，并增强受教育者的抗压能力和应变能力。

②通过价值观教育，坚定受教育者的政治立场。单纯依靠受教育者的内在教育需求不足以保证受教育主体建设的有效性，外在的教育行为是更有力的实施力量。学校应该永远把坚持正确的政治方向放在第一位，学校教育对受教育者树立正确的理想信念、坚定的政治立场具有更强大的指导力量。

一方面，通过科学的价值观教育帮助受教育者树立崇高的社会理想。实现受教育者对社会主义核心价值观的认同，有助于受教育者树立共同的理想信念，增强凝聚力。

另一方面，通过价值观教育提升受教育者的思想政治素养。受教育者的思想政治素养一是来自个体的自我发展，二是来自教育主体的传递。价值观教育能够使受教育者"知行合一"。教育主体要用社会主义核心价值观引领校园思潮，学校要注重顶层设计、坚持统筹协调、强化教育实践、巩固网络阵地，鼓励受教育者理解、宣传、践行社会主义核心价值观，从而推动受教育者政治素养的提升。

3.强化主体间的双向互动

教育教学活动不是一个单向灌输的过程，需要教育者和受教育者的双向互动。

主体间的互动效果直接影响主体建设的科学化水平，互动效果好，双方主体则得到共同发展，互动效果差，主体建设就失去了意义。强化主体间的双向互动可以通过以下几种方式。

（1）扩大互动空间，丰富互动内容

当新媒体发展到一定程度，教育主体就可以利用新媒体与受教育主体实现沟通与交流，传统教育模式将自行消亡，两大主体的互动空间就不再限于课堂，互动内容也摆脱了传统理论的桎梏。

首先，互动空间从课堂教育拓展至课外教育。互动空间的拓展意味着两大主体有了更多的互动时间，教育者应利用新媒体带来的时空优势，在思想政治理论课课堂教学之余，利用新闻资源和数据资源给受教育者带来积极的影响。隔着屏幕，受教育者更愿意表达自己内心的观点，教育者通过虚拟的社交平台反而更容易得到受教育者的真实看法和态度，而这些信息在课堂上无法捕捉。教育者要充分把握这一资源优势，利用社交媒体，以平等的姿态与学生进行心灵的交流，并加以适当的引导。

其次，互动内容由学习互动发展到实践互动。提高认识的目的在于更好地开展实践活动，仅对受教育者进行理论知识传授的教学活动是不完整的，还要将理论知识传授与实践活动能力的培养结合起来。在此过程中，教师作为认识和实践的引导者要积极进行实践教学，推动学生将所学知识内化成行为准则。与此同时，教育者还要加强与受教育者的情感互动，增强受教育者对教育行为的认同，并使受教育者主动规范自己的行为，达到执行统一的教育目的。

（2）转换互动方式，提高互动质量

以往对高校思想政治教育互动方式的研究大多强调双方主体之间的互动，互动深度也大多浅尝辄止，要实现高校思想政治教育主体建设的科学化，就要使互动方式灵活多样，并提高互动质量。

首先，将师生互动与生生互动结合起来，共同激发受教育主体的能动性。一方面，师生互动是主体互动的基本形式，但师生之间的互动不是单向问答，而是双向交流，相互促进，共同发展。另一方面，生生互动可以增强受教育主体的凝聚力，教育主体应为受教育者提供生生互动的空间和机会，引导受教育者团体协作，取长补短，共同完成学习任务。

其次，提高互动质量，激发教育主体的创造性。在主体互动交流的过程中，互动的质量往往比互动的形式更值得重视。要提高主体间的互动质量，教育者应转变观念，树立结果导向理念，设计有效的方式，提升互动乐趣，使学生获得积极体验，使互动过程不再流于形式。

总之，高校思想政治教育主体建设的科学化进程是教育主体与受教育主体相互促进、相互交流、共同作用的过程。思想政治教育的过程不仅是书本知识的传递与学习的过程，更是价值观念和政治立场的形成过程，是主体认识能力和实践能力提升的过程。在此过程中，教育者肩负着自我建设、引导受教育主体建设及加强与受教育主体交流合作的多重任务，应及时对主体建设的科学化过程加以反思，并纠正自身的不足，确保高校思想政治教育主体建设顺利有效地开展。

（三）高校思想政治教育过程方法的科学化

1. 确立科学的教育目标体系

高校思想政治教育的目标体系由总目标和分目标两部分构成，总目标是相对长期的目标，是教育主体对高校思想政治教育实践活动结果的预估，也被称为理想目标；分目标是对高校思想政治教育总目标的细化和拆分，是为达到总目标而制定的短期实际目标。确立科学的教育目标体系，就要构建层次分明的目标体系，完善多维度目标管理体系，坚持科学计划与合理分工。

①构建层次分明的目标体系。高校思想政治教育目标体系的制定要以有关政策为依据。当前，国家对高校思想政治教育总目标做出规定的主要有《关于加强和改进新形势下高校思想政治工作的意见》（中发〔2016〕31号），中共中央、国务院《关于深化新时代学校思想政治理论课改革创新的若干意见》，中共中央、国务院《关于新时代加强和改进思想政治工作的意见》，《高等学校思想政治理论课建设标准（2021年本）》、《全面推进"大思政课"建设的工作方案》等文件。根据对以上文件的分析和研究，高校思想政治教育分目标可以归纳为树立科学的理想信念、培养学生的爱国主义精神、对学生进行道德教育、实现学生自由全面发展四个方面。

各高校要按照总目标的要求，结合本校的办学资源和高校学生的身心发展规律，将总目标中的每个方面加以细化和分解，制定自己的分目标。高校思想政治教育分目标的制定必须符合总目标的要求，并体现对总目标内容的安排和规划。例如，高校在制定分目标时可以按照年级划分，低年级学生的教育目标可侧重于角色适应，引导学生适应高校的课程安排，使学生掌握马克思主义及相关学科的基本原理，并使学生提高爱国主义精神；高年级学生的教育目标可侧重于实现学生的全面发展，这里的全面发展不仅指进一步加强学生对基础理论的掌握程度，更在于提高学生的综合能力，即研究能力、创新能力和实践能力；对于即将迈进社会的学生，其教育目标可侧重于职业观教育，使学生树立正确的择业观和高尚的职业道德观。

②完善多维度目标管理体系。具备了层次分明的目标体系后，高校还需要通过完善管理体系为目标的实现创造条件。

一方面，要加强科学领导。领导工作本身就是一种指向性的工作，领导者决策的科学与否决定了一个集体是正向发展还是误入歧途。因此，领导组织必须层次分明、科学授权、合理分工。高校思想政治教育的目标管理是一种自我控制与自我管理，为保证目标制定与管理的科学性，高校思想政治教育分目标的制定和目标体系的实施过程需要校党委、教务处、学工处乃至各学院共同参与，将职、权、责进行合理分配。

另一方面，要提高高校学生目标管理的自治意识。高校思想政治教育的目标体系从制定到实施再到反馈，每个环节都离不开学生的参与。受教育者有内在的教育需求，因此，其对于外部教育并非完全被动接受，而是带有一定选择性。坚持"以学生为本"，启发受教育者将外在教育目标与内在学习目标统一起来，实现目标的自我制定、自我实施和自我管理，能够激发学生的学习意识，增强学生的管理能力，更有效地发挥学生的主体作用，实现教与学的有机统一。

2. 实现教育方法系统化发展

教育方法体系，是教育者在课堂教学过程中，为实现教育目标、完成教学任务而采取的所有方法和途径组成的有机整体。高校思想政治教育方法体系包括言语系统、实物系统、操作系统和情感系统四个部分，常用的教育方法则包括讲授法、谈话法、演示法、参观法、实验法、实习作业法、陶冶法、探究法等。成功的课堂教学活动不可能仅采用一种教育方法，因此，教育者应结合不同教育方法的优势形成合力，共同推动教学活动的发展。在优化教育方法体系的内部结构时，可以参照以下几个范式。

①原理阐述与问题解决相结合。在向学生传授知识与技能时，要注重言语系统和实物系统的结合。这里的实物并不完全指实际物质，也指模拟情境和新媒体作用下的直观实例呈现方式。言语系统能够塑造学生的形象思维，通过基本的语言描述使学生对原理产生感性认知和观念形象；实物系统则有助于通过实践推动学生由感性认识上升为理性认识，进而更有效地指导实践。

知识与技能目标是教学活动的基础目标。高校思想政治教育的基本任务是通过原理阐释向高校学生传递马克思主义及其中国化理论体系中的基本知识、观点和发展规律。但是，过于强调抽象理论的教学容易使课堂教学偏离实际生活，降低教学内容的可吸收性，难以引起学生的兴趣和认同，违背初始的教育目标。因此，借助现有实例引导受教育者根据所学知识对实际问题进行逻辑推演和严密论证，最终得到解决问题的方法，是增强高校思想政治理论课教学实效的重要途径。

②适当灌输与启发教学相结合。谈到启发教学，就不得不正视言语系统和操作系统的相互作用。这里提到的灌输是一种适当的灌输，而非不考虑学生的接受能力一味地强"灌"硬"输"。由于受到课堂时间的限制，教育者不可能脱离最基本的言语系统直接发挥其他系统的功效。言语灌输的关键问题在于哪些原理和经验需要灌输，哪些规律和能力可以启发。

适当灌输与启发教学的有机结合有助于有效实现课堂教学的目标。启发式教学主张先将问题和情境抛给学生，是一种由浅入深、层层深入的教育方法，教育者需借助逻辑清晰的语言引导学生积极发挥主体作用，增强学生的主体意识。

③以理服人与以德服人相结合。注重将以理服人与以德服人相结合，就是发挥言语系统与情感系统的相互作用，从而实现高校思想政治理论课的情感、态度和价值观目标。马克思主义哲学认为，在实践活动中，理性因素与非理性因素的作用不可相互替代。坚持以理服人，要依靠教育者逻辑清晰的课堂讲授和对话互动，向受教育者传递基础理论，使其认识到思想政治教育学科知识体系的真理属性；坚持以德服人，则要求教育者发挥教师的示范作用，营造良好的德育环境，运用情境陶冶等方式对学生的道德认识和道德情感加以正向影响，从而增强学生的道德意识，鼓励学生做出积极的道德行为，实现知、情、意、行的内在统一。

3.注重实证研究和学术交流

研究方法的科学程度直接影响学术研究的科学化水平。实证研究是与形而上学的经验主义研究方法相对立的存在。随着时代的发展和思想政治教育学科自身的发展，实证主义研究范式已成为社会科学领域的主导性研究范式，是适合高校思想政治教育学科的学术研究方法。在加强实证研究的基础上推动高校主体间的学术交流，有助于推动各高校共同发展，提升思想政治教育理论体系的科学化水平。

①加强实证研究。这里的实证研究方法严格区别于西方的实证主义哲学。实证主义哲学将现象看作认识的根源，与马克思主义哲学主张的逻辑思辨方法完全对立。而实证研究方法是逻辑思辨方法的基础，即科学研究的基础。可见，整理可感知现实的数据信息并将其作用于理论研究，系统描述现存世界的联系，是实证研究方法的主要特点。

高校思想政治教育具有很强的应用性。为进一步发挥学科的实际应用作用，学术研究更要加强实证。辩证唯物主义哲学主张在有效进行实证研究的基础上，丰富逻辑思辨方法，增强学科理论体系的科学性，从而更好地指导我国社会主义建设实践活动。

②搭建学术交流平台。良好的学术交流平台是实现高校思想政治教育内容和信息共享的有效载体。搭建气氛活跃、思想自由的学术交流平台，积极开展学术交流活动，有助于激励各方主体主动交流、大胆创新，为开展高校思想政治教育实践活动奠定了坚实的情感基础。

首先，力求规范，体现学术交流平台的科学性和实效性。具备学术规范意识是组织学术活动的前提和基础，对于学术交流具有重要意义。学术规范规定着学术话语的基本体系和学术见解的呈现方式，要促进高校思想政治教育学术活动实现更全面的人际交流、校际交流甚至国际对话，必须严格遵守学术规范。学术规范的水平还关系到学术交流的深度和质量，只有将学术规范严格化，在已有学术成果的基础上科学设定学术规范，精确把握核心问题，全面梳理现有资料，才能增强学术交流的实效，开展高质量的交流活动。

其次，着力创新，体现学术交流平台的多样性和组织性。构建一个繁荣的学术交流平台，就要创新学术交流活动的形式。可通过出版相关著作、开展系列学术报告、举办各类论坛、推进校际学术交流等多种活动促进学科内多元主体的相互借鉴，实现各种观念和思潮的碰撞，并激发研究主体的求知欲和研究灵感。此外，研究主体应充分重视高校思想政治教育学术交流平台的教育服务功能和组织管理功能，以日渐多样的交流活动为载体，使参与者在活动过程中将交流成果与高校思想政治教育基础理论结合起来，并内化为自身的行为准则，丰富学科知识体系，促进学科专业化发展。

最后，结合形势，体现学术交流平台的时代性和灵活性。学科知识体系不但包含基础理论，还包括对当代世界经济发展形势与政治现状的研究。面对国内价值主体多元化的发展态势，高校思想政治教育的学术交流活动也必须具有鲜明的时代色彩,交流活动的内容与形式都要走在学科前沿,体现国内外的环境特征和我党所持的基本态度。

高校思想政治教育学术交流平台建设应当坚持从实际出发的原则,推动各方主体针对当前学科面临的现实问题展开交流合作。高校思想政治教育的现实问题在于新时期背景下如何加强对学生意识形态的培养。在开展学术交流活动之前,各方主体应对学生的思想状况及其成因进行较为透彻的了解,并以学生当下的心理特征为前提开展活动,以保证学术交流平台的灵活性。

(四)高校思想政治教育队伍建设的科学化

1. 高校思政工作者们必须具备更高的专业素质

在传统的教师单向传授的教学方法中,教师所言是学生获得知识的主要渠道。因此,教师需不断加强自身的理论修养,不仅要及时更新教育理念而且要熟练掌握先进的教学技术,以渊博的知识教育学生,以优雅的人格魅力感染学生,以高尚的道德情操熏陶学生,激励学生自觉学习、自我教育、自我管理,激发其主体性。

未来对高校思想政治教育工作者的基本素质要求是专兼结合、功能互补、政治坚定、业务精湛,最理想的是专家化、学者化。高校党委书记、院长应当是热爱、熟悉、会做思想政治工作的教育家,专职政工人员也该是称职的、货真价实的、高水平的专家教授,"两课"(马克思主义理论课和思想品德教育课)教师应该是知名学者,兼职政工人员要热心、乐于从事思想政治教育并有相应的思想政治素质和工作能力,即该项工作要由知名教授、专家、学者开展,要努力创建精品课程,掌握并发扬自己的看家本领,争创业绩并赋予个人特色,同时更需要有高质量的针对本专业研究方向和重点的重量级课题、论文、著作。总而言之,教师只有在日常的教学中,不忘自觉加强理论学习,提高理论水平及科研能力,才能真正胜任教学工作,高校才能打造一支高素质的教育教学队伍。

2. 教师要树立正确的教育思想和敬业奉献精神

当今在校大学生的性格特点和身心发展规律要求高校思想政治教育要立足这个现实,有针对性、实事求是地开展当前大学生的思想政治教育工作,既要做到有针对性又要做到顾全大局,既要考虑到大部分学生又要兼顾个别人群。在高校思想政治教育工作中,教师起着重要且不可忽视的作用。要建立健全教师管理和工作机制,教师要深入学生生活实际,及时了解大学生思想中出现的问题,切实解决大学生在生活、学习以及人际交往中存在的各种问题。对有问题的学生要及时引导和适时地开展教育，防止他们思想上出现裂痕。班干部要定期了解和把握班级学生的生活动向和学习动向，做到定期汇报、及时反馈。教师还要开展各种有益于学生身心发展的活动，丰富学生的课外生活，引导他们健康发展。广大教师不能只满足于表面上的工作，更需要深入学生的实际工作，尽量掌握每个学生的情况，并全面细致地开展思想教育，做到"底数清、情况明、措施实、效果好"。

（五）高校思想政治教育评价反思的科学化

对教育结果进行客观全面的评价，并将评价结果用于指导新的教育目标的制定与实施，其目的在于更好地推进高校思想政治教育评价反思的科学化发展。

1. 科学设定评价指标体系

高校思想政治理论课教学评价指标体系的科学化程度决定了评价活动的水平，因此，建立科学合理的评价指标体系成为教学评价的首要任务。高校思想政治理论课教学评价指标体系包括指标项目、权重集合和量化方法三个组成部分，这三个部分相互联系，共同影响着教学评价指标体系的整体性功能。

①制定有效的指标项目。教学评价指标项目的制定必须与教育目的和教学目标保持一致。教学评价指标项目是高校思想政治教育目的的体现，是思想政治理论课教学目标的全面再现。如果教学评价指标项目游离在教育目标之外，教学评价将失去意义。因此，指标项目的设置应以学生的全面发展为基础，具有丰富的实践性和可行性，保证其内涵质量，注重定量评价与定性评价相结合；保证通过测量能够得出明确结论，使指标项目得到主体的广泛认可，具有切实的可行性。

②保证权重集合的信度和效度。权重集合代表着各指标项目之间的关系，体现了指标项目的系统性。指标项目是教学评价指标体系中必不可少的子系统，是各个项目相互作用的有机整体。作为一个整体，各指标项目的设置就要体现其结构性。评价指标要侧重于实际应用，坚持从实际出发，通过收集第一手材料来确保权重集合行之有效。

③采用科学的量化方法。量化方法必须体现高校思想政治理论课教学评价指标体系的应用范围，并与教学评价目的相适应。但考虑到高校思想政治理论课教学的群体性，主体要尽量确保量化方法简单易行，并设置一部分具体指标作为监控参数，如出勤率、及格率等。

2.建立多维教育评价体系

从教学内容出发,将知识评价与价值评价相结合;从教学方法出发,将内在评价与外在评价相结合;从教育理念出发,将现实评价与潜在评价相结合。

①知识评价与价值评价相结合。高校思想政治教育具有知识属性,通过课堂教学能够使学生掌握党和国家的指导思想和基本规范。对高校思想政治理论课进行教学评价,首先要对高校学生理解和掌握知识的程度进行考试和考查,以考试和考查的各项结果为依据展开评价。这是对课堂教学的知识评价。

高校思想政治理论课的教学任务不仅在于向受教育者传授理论知识,培养受教育者解决问题的能力,而且还在于引导受教育者将所学知识内化为价值观念和行为准则。这是高校思想政治教育的价值属性。评价高校思想政治理论课的教学效果,必须以学生政治方向的科学程度和价值取向的合理程度为依据。

高校思想政治理论课教学的知识评价和价值评价是以教学内容为基础展开的。当知识评价与价值评价都能得出合理的结果时,则可认为实现了成功的课堂教学。坚持知识评价和价值评价的有机统一,就是坚持马克思主义关于成功所要坚持的真理原则与价值原则的统一。

②内在评价与外在评价相结合。一方面,高校思想政治教育的教育主体是具有能动性的人,教育者会自觉针对教育结果进行内在评价,也就是自我评价。自我评价具有特殊性,因为评价主体是教育者本身,其标准通常是教育者对教学效果的预估和课堂教学取得的实际效果之间的差异。内在评价有助于教师及时调整教学方法,实现教师的自我发展。另一方面,仅仅依靠教育者的自我评价而进行的教学反思是不全面的,改进教育手段和教学方法需要借助外在评价的辅助作用。外在评价包括高校学生对教师的评价、教师之间的相互评价和高校进行的各种教学评比活动等。外在的评价结果能够客观地反映教育过程中存在的问题,激发教育者的团队合作意识和良性竞争意识,全面提升教育者的教学水平。

③现实评价与潜在评价相结合。一方面,高校思想政治教育具有现实价值,包括知识体系的真理性、教育环境的客观性和教学方法的针对性。综合运用有效的现实要素能使高校思想政治教育更好地为当下社会服务。现实评价是衡量高校思想政治教育现实价值的重要标准,完善高校思想政治理论课教学的现实评价体系能够及时反映现实问题,切实提高教育效果。另一方面,高校思想政治教育还会对受教育者产生间接影响,这种影响并不是直接体现在受教育者的外显行为上,

而是发挥自身的"后劲"并伴随着受教育者持续发展。这就是高校思想政治教育的潜在价值。从长远来看,高校思想政治教育不仅要重点关注现实价值,更要注重实现其潜在价值。

3.合理运用教育评价结果

健全的评价指标体系和多维的教学评价方法能够为教育者提供有效的教学评价结果,科学合理的教学评价结果能够充分发挥其导向、调控和激发功能,主导教学活动的实质性倾向,突出教学过程中的重点问题,激发课堂教学元评价意识,鼓励教育者对课堂教学的评价结果进行评价,可以促进评价体系建设,推动教学活动的进一步发展。

①主导教学活动的实质性倾向。新时期的高校思想政治理论课教学评价要以国内外环境为背景,以教育目的和教学目标为基础,以提高教学质量为目的展开。基于指标项目的科学性和量化方法的合理性,教学评价的结果一般具有客观性和公正性。高校思想政治理论课的教学评价结果能够为教育者的发展提供参照,通过分析评价结果,引导教师提升教学技能、改革教学方法、优化教学过程,发挥教学评价的导向功能,这样教学评价才具有现实意义。

②突出教学过程中的重点问题。基于权责系统的信度与效度,教育评价活动得以既全面又有侧重地开展,这使得教育评价的结果既具有全面性,又具有针对性。坚持在全面了解的基础上突出重点问题,就是坚持辩证唯物主义矛盾分析方法。教育者通过对高校思想政治理论课教学评价的结果进行数据化统计与分析,能够得出教学过程中存在的普遍问题与核心问题,并集中力量解决这些问题。

③激发课堂教学元评价意识。对高校思想政治理论课进行教学评价,目的在于更有效地开展教学活动。但是,教学活动是一个动态发展的过程,教学评价的指标体系和方法体系也要随着教学活动的发展而发展。一旦教学评价指标体系和方法体系滞后于教学活动发展现状,评价活动将不再合理、恰当,这就会产生一系列负面效应。理性分析教学评价结果,能够引导教育者对教学评价的质量加以评价,即元评价。教育主体具备较强的元评价能力,有助于及时调整教育评价指标体系和方法体系,减少由于评价指标和方法不当带来认知上的偏差。

第二节　高校思想政治教育共同体及其构建策略

一、高校思想政治教育共同体的相关概念

（一）思想政治教育合力

"合"作为动词是闭、合拢的意思，跟"分"相对，具有结合或凑到一起的意思。"合力"作为动词指一起出力，作为名词则表示某个力对某物的作用与另外几个力同时作用于该物的效果相同，那就意味着某一个力是其他几个力的合力。马克思、恩格斯在《共产党宣言》中论述共产党对反对党派的态度问题时强调，"共产党人到处都努力争取全世界民主政党之间的团结和协调"。1890年，恩格斯在给约瑟夫·布洛赫（Joseph Bloch）的信中指出："有无数互相交错的力量，有无数个力的平行四边形，由此就产生出一个合力。"在信件中，恩格斯首次提及"合力"，丰富和发展了唯物史观，揭示了历史发展进程中的决定性力量，提出了著名的"历史合力论"。"历史合力论"昭示了主体、客体和主客体力量交互的强大作用，从而推动事物向前发展。1919年，列宁在《全俄社会教育第一次代表大会上的讲话》中论及开展社会教育的系列决议，强调要打倒资本非无产阶级"同心协力"不可。虽然马克思主义经典作家没有直接使用"教育合力"抑或"思想政治教育合力"等概念，但是纵观马克思主义经典作家相关论述不难发现，"合力""协力""同心协力"等概念已得到广泛使用。中国共产党也重视"合力"在思想政治工作中的运用，丰富和发展了马克思主义思想政治教育合力思想。1980年，邓小平在论及社会主义现代化发展时指出，"各方面需要综合平衡，不能单打一""把经济建设作为中心，强调其他方面要服从中心"。在思想政治教育学科领域，充分借鉴"历史合力论"的理论要义，"思想政治教育合力"应运而生，是突破弊端、实现育人模式创新的重要举措。

1985年10月21日，钱学森在给黄麟雏的信中提到："在马克思主义哲学的指引下，系统思想与方法是认识客观世界、改造客观世界的一个锐利武器！"钱学森肯定了系统科学和方法的重要性。2000年6月18日，中央思想政治工作会议指出："建设社会主义道德体系是一个系统工程。"2016年，在哲学社会科学工作座谈会上，习近平总书记强调"构建中国特色哲学社会科学是一个系统

工程"。系统科学和方法的科学性和实践性获得有力论证。思想政治教育学学者也尝试把思想政治教育置于系统视域进行考察,界定和探讨了"思想政治教育系统"。有学者从系统工程学角度出发,指出"思想政治教育系统包含主体系统、客体系统……十个子系统"。

(二)高校思想政治教育共同体

高校思想政治教育共同体是相对于传统的、狭隘的思想政治教育二元主体而言的,学者们往往从多种视角出发,有着多种解读。有学者认为,高校思想政治教育共同体是由思想政治教育各要素共同参与的一种生命有机体。也有学者认为,高校思想政治教育实践育人共同体旨在促进政府、学校、企业、社会等按照"资源共享、责任共担"原则进行合作。还有学者以协调发展理念为基础,提出构建高校思想政治教育共同体需扎实构建要素、过程、方法的共同体。

高校思想政治教育共同体是指以高校思想政治理论与实践教育教学为中心,以贯彻落实党的教育方针、促进学生的全面发展为导向,具有共同价值追求、拥有强烈情感归属与高度责任感和使命感的多主体,通过合作形成合力,实现高校思想政治教育资源整合及最终育人目标的有机整体。高校思想政治教育共同体规范着成员们的行为,并以此为标准,对不符合规范的部分进行调整以达到既定目标,这个过程正是将共同体的价值观念内化于每位成员心中的过程,而这也正是思想政治教育共同体的内核所在,故其也是一种价值共同体。最后,在共同体中各主体以高度责任感与归属感参与合作,倘若失去责任感和归属感,共同体也就无法成立。总的来说,高校思想政治教育共同体对高校思想政治教育进行了解构与重建,其本身不单纯是由多元主体构成的一种群际关系,同时更是一种集聚共同的价值理念,它不仅致力于构建高校思想政治教育工作新模式,更致力于提升合力育人的协同效应。

二、高校思想政治教育共同体的特征

(一)系统性

高校思想政治教育共同体诠释了育人体系的系统性等基本特性。从系统论角度来看,运用系统方法必须从整体性来分析和处理要素与要素之间以及整体和要素之间的关系。高校思想政治教育共同体的提出,彰显了高校育人体系的系统性,其中,党和国家作为实质主体,注重顶层设计、健全体制机制;高校各职能部门作为实践主体,明确主体职责、狠抓协同落实;大学生作为受益主体,明晰主体意识、主动参与融入育人体系。构成高校思想政治教育共同体的各主体不是割裂地孤立存在，而是相互联系、相互作用和相互配合的有效实践形式。坚持以共同体思维打造育人体系多层级一体化模式。

简言之，高校思想政治教育共同体各构成主体按照一定的结构层次，构筑了一个特殊的生态系统，以立德树人为价值考量，各构成主体紧密相连，实现"同构式发展"。高校思想政治教育共同体破除了传统价值观偏差壁垒，调动了一切可以调动的积极力量，是一种同心同向共谋立德树人根本任务的关系性存在。高校思想政治教育共同体育人体系的系统性，是高校思想政治教育共同体的本质外显，同时也是一种思维视角，赋予了高校思想政治教育内在生命活力，群策群力齐抓共管、同心同向协调配合、协同推进高校思想政治教育的发展。

（二）多元性

高校思想政治教育共同体的多元性主要体现在构成主体多元、教育教学内容多元、教育教学方法多元三个方面。

1. 从构成主体看

高校思想政治教育共同体不再仅限于教师与学生的二元对立，而是让所有教师、党政组织、共青团组织、辅导员、家庭、政府、社会各界人士共同参与到思想政治理论与实践教育教学过程中，通过合作形成育人合力。

2. 从教育教学内容上看

高校思想政治教育共同体不拘泥于传统理论教学，主张更加贴近现实、更加符合时代及社会发展要求的主题及内容，不仅包括高校思想政治理论课，而且包括心理健康教育、人文素质教育、形势与政策等内容。

3. 从教育教学方式方法上看

不同教育主体采用的方法各不相同，我们要针对不同主体的特性不断创新教育教学方法和手段，重视运用网络媒介，联通线上与线下、联动虚拟与现实，以更加新颖的形式展现教育内容，提升教育实效。

（三）统一性

高校思想政治教育共同体在思想政治教育过程中始终起主导和支配作用，始终把马克思主义作为大学的鲜亮底色，坚定办学方向的社会主义价值导向，以切实维护高校意识形态安全、笃定落实高校立德树人为根本任务。高校思想政治教育共同体既要立足现实,从受益主体现实的思想状况出发,又要放眼未来,引导受益主体具备与社会发展需要相适应的思想政治素质。习近平总书记在全国高校思想政治工作会议上指出"要坚持把立德树人作为中心环节,把思想政治工作贯穿教育教学全过程,实现全程育人、全方位育人"。党的二十大强调:"全面贯彻党的教育方针,落实立德树人根本任务。"立德树人是教育的根本任务,是高校的立身之本,作为一种价值导向指引高校思想政治教育实践。

实质主体、实践主体和受益主体同心同向实现立德树人价值目标的统一性,是以价值共识助推高校思想政治教育共同体协同育人的重要前提。高校思想政治教育共同体要切实落实立德树人根本任务,落实"把立德树人的成效作为检验学校一切工作的根本标准",最大程度上激发不同主体的主观能动性,使不同主体在立德树人过程中善知、善作、善成,使立德树人的"知"与"行"同向同行,动态弥合。高校思想政治教育共同体的提出和推进,需要高校思想政治教育共同体坚持从"知者"到"行者"的协同推进。

总而言之,高校思想政治教育共同体协同推进的价值前提彰显了立德树人价值目标的统一性特点。如果目标不明确或根本没有目标,在高校思想政治教育实践中,就可能存在盲目和随意带来的疲软,高校思想政治教育具体实践就缺乏自觉性,也就谈不上育人实践的有效性。高校思想政治教育的效果来自各构成主体的通力合作,而有效合作的前提在于价值目标的一致性。高校思想政治教育共同体不涉及"利益博弈",追求的是共同价值目标基础上的价值统一体。

(四)协同性

教书育人不是大学生思想政治教育者的"私务",而是所有教职工的"公责"。这其实就是在强调所有高校教职工要立足工作岗位,结合立德树人根本任务,彼此分工又相互配合,凝聚同心同向的育人合力,最大限度地提升高校思想政治教育实效。高校思想政治教育实效的提升需要高校思想政治教育共同体各构成主体同向同行,这体现了高校思想政治教育共同体育人实践的协同性特点,协同性就是高校思想政治教育共同体围绕教育目标和任务的同向性和同步性。高校思想政治教育共同体基于立德树人的价值目标追求,意味着各构成部分同处于一个相互联系、共生共融的育人系统之中,因而势必需要相互协同,避免各种"分力"和"壁垒",在共同努力下,铸就高校思想政治教育协同育人"同心圆",从而实现高校思想政治教育共同体整体效能大于各构成要件的部分效能。

所以，在立德树人根本任务的指引下，高校思想政治教育共同体旨在推动实质主体、实践主体和受益主体在共同价值目标的指引下统筹谋划、整体调度、齐心协力、同频共振，共谋高校育人实践的新格局。其中，党和国家作为实质主体重视推动顶层设计，实践主体齐心合力切实推进政策精神的实践落实，受益主体有效参与，有助于凝聚价值共识，疏解以往各部门"各自为政""条块分割""缺位"和"错位"的情况，增强共同体之间的协调和配合性，强化高校思想政治教育共同体之间的耦合性、内聚性和同构性。以育人实践的协同性为导向，使高校思想政治教育共同体协调沟通、戮力同心、凝聚共识、协力共进，在增进彼此共识的基础上，实现高校思想政治教育实效性跃迁，彰显高校思想政治教育共同体的重要特征。

（五）整合性

这里的整合指的是："原系统中的部分相关因素在系统核心的作用下组合成为一个新整体的过程。"其根本在于将相关要素相对接形成合体，在优势互补中发挥整体功效。高校思想政治教育共同体的整合性体现在资源整合、主体配合、力量融合三个方面。从资源整合上看，思想政治教育资源所指的是"在实施思想政治教育过程中有助于达到思想政治教育目标且能够被教育主体利用的各要素的总和"。那么，思想政治教育的资源整合则是指对现有一切有效资源进行深入挖掘，并将其充分吸收利用，发挥整体优势。从主体配合上看，就是指各主体积极配合、紧密联系、通力合作才能打破高校思想政治教育工作僵局，避免各自为政。从力量融合上看，思想政治教育共同体作为有机整体发挥整体作用，它会使得各主体拥有一种强烈的归属感，正如齐格蒙特·鲍曼（Zygmunt Bauman）所说的"共同体是'温馨'的，共同体能够使人们相互依赖"。如此一来，分散的各主体力量成为整体力量的来源，由它们的融合最终汇聚成为整体力量。

三、高校思想政治教育共同体的功能定位

（一）服务与导向功能

党和国家是高校思想政治教育共同体的实质主体，决定了高校思想政治教育共同体具有服务与导向功能。这一功能充分体现了高校思想政治教育共同体对确保高校意识形态安全的要求的遵循和坚守。这里所谓的高校思想政治教育共同体服务与导向功能，是指高校思想政治教育共同体实质主体推动政策前瞻导向、提供基本公共服务、引领思想价值、规范引导行为，为高校思想政治教育的有序推

进提供基本遵循，从而确保高校思想政治教育沿着社会主义发展轨道有效运行的基本功能。"服务"是指活动的开展服从和服务于个人或组织的需要。

根据2021年4月29日第十三届全国人民代表大会常务委员会第二十八次会议修正的《中华人民共和国教育法》总则的第五条指出："教育必须为社会主义现代化服务、为人民服务。"高等教育的实践价值在于，以学生成长为导向，服务于立德树人的根本任务。而高校思想政治教育共同体的服务向度在于，服从和服务于高校思想政治教育的有效运行，其服务育人的价值导向和教育形式，符合我国高等教育以服务学生为中心的发展导向和时代诉求。例如，党和国家从政策制定、配套跟进、发展经费等方面支持和服务马克思主义学院建设，归根结底是服务学生、关照学生，提升高校思想政治教育实效。"导向"是人类社会发展的重要问题，也是高校思想政治教育方向的重要体现。统治阶级的思想在每一时代都是占统治地位的思想，这就是说，一个阶级是社会上占统治地位的物质力量，同时也是社会上占统治地位的精神力量。高校思想政治教育共同体实质主体犹如大海中航行的"舵手"，以导向推动力量维护和引领"占统治地位的思想"方位不变。没有正确的政治观点，就等于没有灵魂。教育与社会制度、文化传统和时代步伐紧密相连，这也诠释了为何"科学没有国界、科学家有国家"。中国特色社会主义进入新时代，但教育发展毫无疑义要一以贯之地"坚定正确的政治方向"，抓住大学生成长成才的"拔节孕穗期"，抓住大学生正确的世界观、人生观和价值观形成的关键期，夯实新时代培养担当民族复兴大任时代新人的人才基础。

高校思想政治教育共同体是贯彻遵循高校立德树人根本任务和教育方针政策的理论探索和实践路径，是牢牢把握马克思主义在意识形态领域的指导地位，从而从根本上永葆中国特色社会主义大学建设和发展的底色，实现统治阶级意志的重要载体。伴随着社会结构的变迁和高校思想政治教育现实诉求的变化，思考和探讨高校思想政治教育如何实现预期目标也十分有必要。因而，高校思想政治教育的现实诉求也迫切需要高校思想政治教育共同体发挥作用，举旗定向、铸魂育人。办好我国高等教育，必须坚持党的领导，牢牢掌握党对高校工作的领导权，使高校成为坚持党的领导的坚强阵地。在高校思想政治教育共同体实质主体的政策前瞻指引下，实践主体以"四个意识"为统领，立场坚定、旗帜鲜明地维护高校思想政治教育的主导权、话语权，弘扬时代主旋律，确保高校坚持和保证育人的社会主义方向，培养担当民族复兴大任的时代新人。高校思想政治教育的重要任务之一就是有效引导大学生政治行为健康发展。高校之间专业、课程、培养特色存在差异，教学内容的确定和教学方法的选择各异，但坚持育人的政治方向却是一致的。高校担负着为党育人、为国育人的重要使命，势必要同党中央一致，坚持社会主义方向，体现党的要求，彰显国家意志。

当前，各种社会思潮风起云涌，以共同体思维审视高校思想政治教育实践，高校思想政治教育共同体实质主体在这一进程中充分发挥了"指南针"导向作用，推动高校思想政治教育形成育人的同心圆和向心力，用社会主义核心价值观整合不同利益主体，调和不同的利益关系，达成思想共识，铸就共同体意识，而且与大学生主体意识觉醒的主体性诉求相吻合，能满足大学生现实的成长成才诉求。从某种程度上来说，高校思想政治教育共同体服务与导向功能的发挥是提高高校思想政治教育实效目标的前提和保证。

高校思想政治教育共同体的系统阐发并不仅仅是知识的传扬，而是要实现高校思想政治教育共同体价值导向在同主体间传递，使高校思想政治教育共同体的思想主张和价值尺度成为各构成主体内心认同和外在践履的价值导向，使高校思想政治教育共同体成为同心同向维护马克思主义在意识形态领域指导地位的重要力量。强调政治方向引领，确保坚守政治底线，不仅有利于与各种错误思潮划清是非界限，还有利于增强社会主义核心价值观导向，使马克思主义理论深深扎根于大学生的头脑，为高校思想政治教育发展定向，为大学生的成长成才导航。

（二）灌输与教育功能

在高校思想政治教育共同体中，高校各职能部门是实践主体，这就决定了高校思想政治教育共同体具有灌输与教育功能。所谓高校思想政治教育共同体的灌输与教育功能，是指高校思想政治教育共同体实践主体通过科学灌输高校思想政治教育理论和先进思想，帮助大学生树立正确的世界观、人生观和价值观。真正的灌输不是填鸭式的"硬塞"和"强灌"，而是通过教育，帮助受教育者实现自我教育、自我成长、自我觉醒，然后成长为一名真正的共产主义者。正如1887年恩格斯提到的："我们的理论是发展着的理论，而不是必须背得烂熟并机械地加以重复的教条。越少从外面把这种理论硬灌输给美国人，而越多由他们通过自己亲身的经验（在德国人的帮助下）去检验它，它就越会深入他们的心坎。"高校大学生是祖国和民族的希望和未来，但大学生不会自发地具备科学的社会主义意识。

高校思想政治教育共同体除了服务与导向功能，还具有灌输与教育功能。马克思主义"灌输论"认为既然工人群众不能自发形成关于社会主义的科学认识，那么就需要由外而内进行灌输。怎样合理地灌输才是有效的？那必定是入脑入心，才能内化于心、外化于行，才能取得实效。高校思想政治教育共同体把受教育者纳入其中，以主体定位确认了高校大学生的身份和价值，不仅加强了大学生的角色认同，而且也潜移默化地塑造了自身价值和主体意识，增强了大学生的主体性和能动性，让高校思想政治教育共同体受益主体在主体自我意识中充盈人生，强化大学生的自我教育能力，通过学习主动融入社会，遇见更好的自己。如此一来，高校思想政治教育共同体也就具有了明确的目标指向性和价值取向性，不仅彰显了服务社会的价值尺度，也彰显了育人的价值尺度。从一定意义上来讲，高校思想政治教育共同体的落脚点在于引领受益主体自我教育，从而提升符合我国主流意识形态所倡导的思想政治素质和道德品质。

高校思想政治教育共同体的重要价值就在于，当大学生面对纷繁复杂的现实社会，在理论认知、价值选择、行为举措等方面感到无力时，帮助大学生解决现实困惑。而大学生很难自发地形成主体责任意识，所以需要通过高校思想政治教育共同体构建的理论阐发，高校思想政治教育共同体实践主体的同向同行，帮助大学生形成正确的理想信念，通过理想信念来凝聚共识，激发动力和指导大学生的行为规范，彰显高校思想政治教育共同体灌输与教育的基本功能。

四、高校思想政治教育共同体的典型类型

（一）理解共同体

相互理解产生合力效能。高校思想政治教育应该贯穿于大学教育的整个环节，但其前提是教育工作者应该加强彼此的联系，并结合自己的工作经历、教育教学和管理经验等背景，相互理解，这样才能将思想政治教育融入学生的日常教育和课堂教学之中。因此，高校思想政治教育共同体的一个重要任务就是引导教育者个体学会合作，理解他们在教育进程中的职能和职责，共同努力完成个人不能完成的任务。其中，一颗友善而感觉敏锐的心是相互理解的基础。也就是说，教育者之间的相互理解是思想政治教育产生合力效能的关键。

高校思想政治教育要构建教职工的理解共同体，即要增强教育者的理解力。一方面，引导他们以批判的态度和方法去评价和检验自己已有的信念，从而使所信仰的东西能够尽可能地远离谬误；另一方面，他们要学会谅解同事和其他教职工。这也就要求教育者避免固执、无知或盲目，理解其他教育者的言行。教育者

之间建构一种理解共同体，形成畅通交流的渠道，讨论意见，探究教育问题，这样才能实现合力育人。理解共同体的教育理念就在于构建一种基于理解的共同体，从而促进教育者之间达成共识、相互认同。

（二）力量共同体

高校思想政治教育需要各方力量的联合。一个人不能只依靠他自己的力量而存在，而不与其他的参与者相联系。因此，高校思想政治教育需要各方力量的联合，形成力量共同体。也就是说，解决个体化的人与世界关系的创造性方案是人积极地与他人发生联系，并把作为独立个体的人重新与世界联系起来。其中，有效的途径就是构建力量共同体。因此，高校思想政治教育共同体的典型模式之一就是力量共同体，即教职工互相促进对方获取积极力量，同时也从对方获取积极的力量，使共同体成为积极力量衍生和共享的场域，形成培养学生的合力。

学生的培养是各方共同努力的结果。培养一名学生需要辅导员、专任教师和学校管理人员等工作者的共同努力。进一步讲，一名优秀的学生往往是教育的各个环节共同培养的结果，如辅导员的悉心教导、专业课老师的精心教学、学校管理者的人性化服务等。另外，教职工发展内心的力量和创造力是与周围建立新型关系的前提，它有助于再造思想政治教育本身，也有助于改变思想政治教育。学校教职工需要通过共同的努力，建构一个力量共同体。

（三）情感共同体

一个真正意义上的教育者，必须是一个有情感的人，情感起了"放大"内驱力的作用。因为一种情感本质上是一种过程，且包含动力的成分，如关心学生成长的情怀等。情感性是人类意识和人类交互活动中的内在特性。没有它，教育者就无法维持、调节、变换自己的生活。同时，情感作为沟通的一种媒介，能够迅速地改变教育者的行为，并具有感染性，能够唤醒对方同样的或交互的情感，从而增强彼此的联结关系。

积极情感是把学校内不同教育者联结在一起的最重要的纽带和黏合剂，是教育者之间良好互动的保障。因为情感是信息传播和教育者工作的动力。一条饱含情感的信息能被不同教育者传播，是因为它激发了他们的情感共鸣。从认识到行为发生，中介是以情感为核心的意向系统。情感作为评价的震荡机制使教育者选择某种行为并使它现实化。情感存在于教育活动和与他人的相互作用中。情感互动是一个相互作用的过程，它把两个或两个以上的教育者结合在一个共同的或共享的情感体验领域之中，从而构成情感共同体。

（四）文化共同体

加强高校思想政治工作，要更加注重以文化人、以文育人，这为新形势下更好秉承文化育人新理念，探索思想政治工作新举措提出了新的要求。学校教育文化是教育者群体长期形成的某种习惯，它以潜在、深刻而持久的方式支配着教育者的行为，引导、培育和发展教育者的某些潜在性，但同时也抑制或阻止另一些潜在性的发展。也就是说，文化是人的中介，教育活动无不受文化的触动，无不因文化而改变，这也就要求教职工建构育人文化共同体。

思想政治教育共同体要形成共同体文化。在这种共同体文化中，教职工之间的争执及其解决都要遵循一些既定的模式，如对话模式等，否则就会无法交流。教职工个体文化存在深刻的差异，共同体本身必须认识这些差异，并解决这些差异，这样才能揭示彼此共同的人性。也就是说，同一共同体的成员共享特有的文化模式，遵循隐含的文化规则。学校或者说教职工之间形成的教育文化对于学生的成长至关重要。因此，思想政治教育应该在教职工中形成统一的共识，无论是辅导员还是专业课老师，都要遵循和优化某种模式来开展思想政治教育工作，从而形成一种日趋规范的、追求卓越的文化共同体。

五、高校思想政治教育共同体的运行逻辑

高校思想政治教育共同体作为由多元主体所构成的一种关系模式，具有决定其构建必要性和可能性的特别的运行逻辑，即一种共同体主体构成、责任分工和具体实践的特定规则，可以概括为主体合作和资源整合。

（一）主体合作

高校思想政治共同体的构成主体不单纯指专业从业人员，还包括从事参与思想政治教育理论实践研究、实际操作、统筹管理及考察监督等的人与组织，具备广泛性与多元性。高校思想政治教育共同体中的不同主体虽同为主体，但在共同体中所处的地位与发挥的作用却不尽相同。首先，校党委毫无疑问必须处于领导核心地位，同时也必须担负起领导责任，具体体现在对思想政治教育各项工作的分析决策与统筹协调上。校党委要在加强统一领导的基础上，兼顾各方利益、整合各方资源、动员各方力量，将思想政治教育更好地融入各项工作、贯穿学校发展的全过程，努力形成在校党委领导下各部门齐抓共管、协同推进的工作格局，通过校党委统筹协调作用的发挥实现全员、全程、全方位育人。其次，作为思想政治教育内容传授者的思想政治理论课教师应在把握好课堂教学的基础上，更加

贴近学生生活，抓住学生思想脉搏，采用学生喜闻乐见的教育教学方式，使理论教学更具趣味性，同时也更具现实性与针对性，提高思想政治教育的说服力与渗透力；作为思想政治教学渗透者的其他专业教师，要充分重视专业课课堂教学中有关思想政治教育的问题，从自身做起，为学生树立思想道德榜样；作为学生精神引路者的辅导员，要更善于倾听，善于从学生角度出发，将心比心，多与学生沟通交流，真正做到以生为本。

（二）资源整合

思想政治教育资源种类多样、功能各异，不仅包括硬件设施、固定经费等各类物质资源，而且也包括理论教育、实践教育、人才队伍、社会组织、网络平台等各类其他资源。

首先，从人才队伍整合方面看，其作为高校思想政治教育共同体主体合作的关键，通过强化高校思想政治理论课教育队伍与日常思想政治教育队伍的协同创新，充分发挥高校思想政治教育"主渠道"和"主阵地"双重功效。

其次，从教学内容整合方面看，通过目前现有的思想政治教育基础课程去应对新时代新的发展变化是远远不够的。因此，应当对思想政治教育内容、体系进行拓展，除了传统的马克思主义理论、思想道德修养以及法制教育等基础课程以外，还应增设心理健康教育、诚信教育、创新教育、生态教育等多项教育内容。此外，还要注重其心理、人文、科学、社会交往等各方面素质的培养。很显然，只有将高校思想政治教育理论课与其他人文社科乃至自然科学教学内容进行整合，才能够在真正意义上实现价值伦理和道德规范与科学知识的整体融合、提高精神境界与塑造健全人格的有效交融、社会发展与个人发展的有机结合。

最后，从渠道整合方面看，思想政治教育是通过多种渠道展开的教育，不仅学校有育人责任，社会各方面也都应该负起责任。

六、高校思想政治教育共同体构建的策略

（一）利用课程协同促进共同体构建

高校进行不同的专业课程教学，要结合学生身心成长特点与专业发展要点，完善现有的课程体系，引导学生提升自我素养，从总体层面进行通识课程与专业课程设置，把思想政治理论课当作教育教学的途径，其他课程应协助思政课，形成教育合力。如果思想政治课程教育不能得到其他类型课程的有力配合，势必会

降低思想政治教育成效。虽然办学理念不同的高校设置的专业不同，但在课程设置过程中要贯彻育人思想，以此为基础培养优秀人才。思想政治理论课程教学中，最关键的便是服务人才，教师要全方位分析课程教育资源，形成全课程育人结构体系。例如，人文社科专业的教学，应充分彰显社会主义思想，渗透正确的价值观，妥善处理好政治和学术两者的关系，引导学生领悟学习内容；在自然科学类课程教学中，教师要培养学生的科学思维和爱国主义情怀，设置通识课，弥补专业课程教学存在的不足，优化学生现有的知识结构，促使学生思想道德水平得到提升。鉴于此，要充分调动校党委、校行政和教务单位人员的积极性，创设能促进学生积极成长的课程结构体系，依托这种方案开展教学实践活动，促进思想政治教育工作的顺利进行。

（二）高校思想政治教育话语语境的嵌入

高校思想政治教育话语交往过程中的语境嵌入，就是要求主体在多元语境融合及特殊语境差异分析的基础上开展话语交往。

一方面，在语境研究的基础上实现话语继承、弘扬与发展。从实际情况看，教育对象之所以在思想政治教育理论话语与实践话语开展过程中出现话语疲劳、抗拒、断层等现象，主要是因为两种异化取向：一是部分教育者僵化、教条地将传统思想政治教育话语从革命和建设时期的特定语境中剥离，只强调了话语的内容、特征、意涵，但却忽略了特定时期社会语境赋予思想政治教育话语的特定意义。这种特定意义的内涵和外延进入新时代后皆有所拓展；二是部分教育者粗暴地将传统思想政治教育话语直接转移到课堂教学、管理工作、学术研究中，忽略了在继承传统思想政治教育话语时，更应赋予其当代社会时代特征及契合教育对象思想实际需求，并在继承传统思想政治教育话语精神内核的同时给予其以新的生命力、话语形式及意义。

另一方面，要对教育主体语境的差异化进行分析。在探究思想政治教育宏观语境的过程中，必须注重教育主体语境的差异性研究，教育对象的成长经历、学识水平、专业方向等形成了其异于他人的个体语境，个体语境决定着教育对象理解、认同、接受思想政治教育话语的程度和价值偏好。教育者对思想政治教育学科的认知、理解、研究程度等学科认知状态决定了其对思想政治教育学科话语、教材话语、课程话语、实践话语的运用及传授水平。

因此，教育者首先要提升自身对思想政治教育学科发展脉络、理论基础、课程建设、学科话语体系等方面的认知水平，夯实专业基础，提升专业素养，在深入探究不同时期、不同阶段思想政治教育语境的现象、特点、规律的基础上,提升对话语的运用水平。教育者不仅需要针对不同教育对象个体语境的差异性进行思想政治教育话语内容、意义的融通,而且应注重思想政治教育话语对受众思想、观念及生活世界等生存境遇的分析和指导。

(三)通过模式协同保障共同体高效构建

对于高校内部思想政治教育共同体的构建,各级别组织和工作人员都要在思想政治教育方面达成共识,强调立德树人根本任务的落实,以原有的体制为前提,积极落实教学工作。高校将思想引领渗透在教学过程中,建立教书育人、管理育人及文化育人的协同机制。思想政治教育共同体的构建还应考虑学生的成长方向,促使学生拥有自主学习意识,提高他们处理问题的能力。现在,网络深刻影响着学生的思想,因此要把以往的思想政治教学模式和目前的网络教学模式结合,凭借新技术和新媒体的优势,将网络当作正能量传递的主要阵地。此外,高校可以通过微信、微博,利用网络互动性与超越时空的特征,使网络成为师生关系建立的有机媒介,提升学生的综合实践能力,树立回馈社会的意识,提高学生的责任感与使命感,督促学生朝理想目标不断努力。由此可知,育人模式的协同关联着院校多个层面工作,校党政应密切安排,构建齐抓共管教育教学的局面。

(四)思想政治教育共同体话语自觉意识的培养

思想政治教育共同体具有自身的话语体系和文化风格,通过教育主体和教育对象之间的话语交往实践建构起特有的"话语圈",对思想政治教育育人功能的有效开展意义重大。一个共同体不仅拥有一种共同的语言,而且拥有一种共同的文化。因此,针对目前存在的共同体话语自觉意识缺失的问题,必须通过具体措施提高自觉意识。

首先,捍卫思想政治教育共同体话语权。思想政治教育共同体必须在理论与实践两个方面保障其话语的效力。一方面,高校思想政治教育共同体是基于思想政治教育话语风格、言说方式、话语体系构建而成的,要增强思想政治教育话语的理论及实践基础,提升思想政治教育话语对社会平稳发展及凝练大学生思想观念核心价值的理论指导功能。另一方面,思想政治教育共同体在话语交往中通过具体的话语咨询、话语共享和话语激励积极塑造思想政治教育者话语权的权威符号,极力拓展能够实现和彰显思想政治教育共同体话语权的多种路径,不断提升思想政治教育话语的阐释力和有效性。

其次，提升思想政治教育共同体对自身话语的信心，树立共同体的话语自信。现阶段思想政治教育共同体研究及其学术成果缺乏强烈学科边界意识，在遵循开放性原则借鉴其他学科理论和方法的过程中，呈现"过度化"和"教条化"的嫁接，无形中淡化了思想政治教育学科属性和边界意识，限制了思想政治教育学科话语的科学化、合序化发展。鉴于此，高校思想政治教育共同体需树立话语自信，在理论引导与实践指引中持续凝练学科话语意识，以提升学科话语的自信心和说服力。

最后，培育高校思想政治教育共同体的话语自觉意识。一般而言，思想政治教育的话语自觉就是从适应思想政治教育需要到逐渐自我评价、自我建构的过程，是思想政治教育话语逐渐塑造知识和体现权力的过程，是从工具理性向价值理性转向的过程。因此，思想政治教育共同体话语自觉意识的培育，要求共同体在理论研究及实践指引中不仅要深度开展思想政治教育话语学术理论研究，激发和培育共同体的学科话语意识，而且还要自主开展思想政治教育话语与大学生实际生活尤其是精神生活相关联的研究，实现思想政治教育话语对大学生思想、观念及精神世界的引导，充分体现共同体话语的现实情怀关照与自觉意识风格。

（五）优化高校思想政治教育共同体的内部运行机制

1. 优化思想政治教育课程管理机制

高校思想政治教育的过程包括四个基本环节：一是预计未来，确定目标；二是实施教育，促成转化；三是信息反馈，总结经验；四是评价控制，激励促进。这一过程并不是时间上的四个简单的先后阶段，而是一个辩证统一、相互影响、循环推进的过程。以上的循环机制能使高校思想政治教育成效在原有基础上得到较大提高。

2. 创设思想政治教育课堂活力机制

构建"有进""有出"的开放式教学机制。"有进"主要是指传统文化进课堂、大学精神进课堂、优秀校友进课堂、名师教授进课堂，"有出"主要是指走出课堂进基地、走出课堂进社区、走出课堂进乡镇、走出课堂进企业。

3. 建立高校思想政治教育的组织保障机制

组织保障是思想政治教育工作正常开展的有力保障，更是思想政治教育工作凝聚的核心。高校各级党组织必须充分认识思想政治教育工作的重要地位和作用，真正把高校思想政治教育工作摆到战略和全局的高度来对待，要不断完善组织保障机制，充分发挥高校各级党组织在思想政治工作中的主导作用。

4.构建纵横双向、立体交叉社会教育机制

人类社会是一个各部分之间紧密相关的整体。构成社会的基本因素包括作为社会构成主体的人，作为社会物质基础的物，作为社会发展过程的经济、政治活动，作为社会精神活动的社会思想等。社会各组成部分之间存在着不可分割的作用与反作用关系，正是社会系统及其子系统各要素之间的相互作用决定了社会运行及其状态。因此，做好高校思想政治教育工作必须将高校思想政治工作置于社会背景下，努力构建纵横双向、立体交叉的高校思想政治教育工作体系，唯有如此，才能使高校思想政治工作产生强大的推动力和持久的生命力。

第六章　新时代高校思想政治教育发展的策略

做好高校思想政治教育工作是高校思想政治工作者的一项重要任务，进入新时代以来，高校思想政治教育工作面临更多变化和不确定性，因此探索新时代高校思想政治教育发展的策略就显得尤为紧迫。本章分为新时代高校思想政治教育方法创新、新时代高校思想政治教育内容创新、新时代高校思想政治教育模式优化三部分。

第一节　新时代高校思想政治教育方法创新

一、高校思想政治教育的方法创新

（一）自觉自省法

自觉自省法是教育个体在教育过程中，以主体的姿态自觉地对自我的思想政治道德水准进行认知、对自我的情感进行培养，进而促进自我信念的养成，以培养良好的思想政治品德的方法，主要包括自我修养法、自我管理法等方法。此种方法体现了个体接受外界信息的觉悟和觉醒能力。

（二）叙事疗法

叙事疗法是目前受到广泛关注的后现代心理治疗方式。它摆脱了传统意义上的治疗观念，相信当事人才是解决自身问题的专家，放大积极的自我认同，抵制消极的自我否定。借鉴叙事疗法中"故事叙说""问题外化"等理念必然能够丰富高校思想政治教育方法，推动其科学化发展。

（三）虚拟实践法

网络时代的来临，对大学生的学习、生活产生了重大影响。大学生作为青年群体，是互联网的主要受众。网络是虚拟环境，网络上的信息是无边无际的，大学生在这种环境中，扩大了与人的交往与思维空间，丰富了人的情感与思想。而只有计算机网络技术才能催生独立形态的虚拟实践。虚拟实践之所以具有实践功能，是因为大学生运用虚拟技术，能够在网络空间中进行有目的地、能动地改造和探索虚拟客体的客观活动，即人与客体之间通过数字化中介在虚拟空间进行双向对象化活动。因而，大学生在虚拟空间所进行的交流性、仿真性、设计性、探索性实践活动，同样需要正确理论的指导和遵循必要规范，同样伴随着情感、道德、思想的发展变化，这正是网络思想政治教育形成与发展的原因。虚拟实践是人在现实空间中进行的实践活动的拓展与延伸，同样具有实践教育的作用。虚拟实践必须与现实实践相结合，高校网络思想政治教育必须与现实生活中的思想政治教育相衔接，不能脱离现实实践而陷于虚拟实践，不能忽视现实生活中的思想政治教育而陷于网络思想政治教育。所以，大学生通过网络，同样也可以受到思想政治教育的影响。

（四）隐性教育法

隐性教育是相对于显性教育而言的，它是学校教育的重要组成部分，是一种内隐的、间接的、具有渗透性的"无形"教育方法。例如，通过物质情境、文化情境、人际情境等方式使高校思想政治教育回归现实生活，这种教育方法有利于促进大学生思想品德的健康发展。

（五）心理疏导法

加强大学生心理健康教育是高校思想政治教育工作的重要组成部分，对大学生思想政治素质的提高有着重要的影响。因此，高校要积极构建"学校领导、部门统筹、院系负责、同学互助"四位一体的心理健康教育工作联动机制或通过构建校园心理危机干预系统、设立校园心理咨询室、创新大学生心理健康教育形式等方式来加强大学生的心理健康教育，积极创建和谐校园。

二、高校思想政治教育方法创新策略

（一）传统方法和现代方法互补

思想政治教育方法要"管用"，就必须不断弃旧纳新，紧跟时代的脚步。目前,有些高校思想政治教育的方法不能适应新形势和新任务的时代要求,有待进一步提高。创新高校思想政治教育方法,必须在继承中创新,古为今用、洋为中用,使传统方法和现代方法互补共通、取长补短。中国古代思想政治教育方法和传统的思想政治教育方法仍有许多值得我们借鉴的地方。古代的思想政治教育方法主要有内修和外化两种,外化即社会教化,包括思想灌输、化民成俗、身教示范、践履笃行等方法;内修即自我修养,包括学思结合、自省、克己、慎独等方法。伦理方法政治化是古代思想政治教育方法的特色。在快速发展的现代社会中,人的思想呈现出复杂化、多样性、个性化的特点,给思想政治教育工作带来了新的机遇和挑战,传统方法面临着退伍的局面。因此,高校思想政治教育工作必须积极改进、创新和融合教育方法,使其适应时代的不断变化。

总体来看,高校思想政治教育方法应当从单向交流向立体式交流转变,从被动式向主动式转变,从封闭式向开放式转变,从灌输式向启发式转变,多采取讨论、对话、情景以及寓教于乐等教育方法,增加系统分析、信息预测、调研评估、信息技术、网络大数据、心理咨询、人文关怀、自我激励、整体评估等现代方法。在发展趋势上,高校思想政治教育要将传统方法和现代方法相融合,积极探索适应大学生主体意识的新观念新方法,在开创"新方法"时也不忘继承和扬弃"旧方法"。高校思想政治教育强调实事求是、平等信任、正面引导和讲求实效的原则,只有多角度、多侧面、多形式地加大高校思想政治教育传统方法和现代方法融合的力度,才能形成教育合力,提升教育效果。事实上,不管是哪一种教育方法都不是完美的,都会有自身的优缺点,所以不能用时间来划分思想教育方法的好坏,而要用实践来检验实际效果,并根据主体需要适时对其进行时代转换和互补,使传统智慧和现代理性相结合,取得好的成果。例如,传统说理法是思想政治教育中最基本、最普遍的方法,其优势在于"以理服人",理不通,情不到,教育就没有效果。在高校思想政治教育工作中,可以对这种方法进行创新,变为"要以理服人、以文服人、以德服人",同时对其增加真、实、深、活四个方面的要求:。"真"就是用真理说服人,用真情感染人,用真实打动人;"实"就是做到目标切实、内容确实、方式务实;"深"就是讲透大道理、辨明小道理、批驳歪理;"活"就是激活教育主体,盘活教育资源,用活教育手段等。高校要改进讲授式教学方法,大力推广模拟式、研究式、体验式等现代教学方法,以提高高校思想政治教育的效率,增加其吸引力和感染力。

（二）显性教育和隐性渗透相结合

要创新高校思想政治教育的方法，就要把它的显性方法和隐性方法有机结合，根据大学生的思想实际和具体情况综合加以运用，来提升其效果。在理念上，高校思想政治教育要做到各种显性的理论、实践教育方法与家庭、社会、单位等多方隐性方式有机结合，使以直接导向、鲜明影响、快速奏效为特点的显性方法联系以浸染、弥散、自我教育和内化为特点的隐形方法，以发挥两者的最大功效。

在实施上，一是联合、互补、各尽其用，坚持把显性教育方法作为主体，使其占据主阵地，弘扬主旋律，发挥正能量；在教育环境、教育氛围、教育文化资源等方面，积极利用隐性方法来补充，使其渗透到工作和生活的方方面面，包括制度建设、文化活动、精神文明建设等，全方位施以影响。二是根据需要来选择教育两种方法。在政治路线、政策解读、政治宣传和教育培训以及道德认知等方面，要发挥显性教育的优势；在价值观塑造、道德意识培养、道德情感升华、思想状况观察、道德行为选择等多个方面，隐性教育具有潜移默化的作用，能够更好地被大学生接受。值得注意的是，显性方法不能简单地被隐性方法替代，两者各有各的优势，可以互相补充。

（三）教育培训和自我教育同构

教育培训和自我教育是两种运行机制不同的表现方法，教育培训是他律，而自我教育是自律。从本质上看，自律是一个人思想发生变化的内因和依据，而他律是条件和前提，他律必须通过自律才能起作用，两者相辅相成，缺一不可。一方面，大学生思想政治水平的提高离不开社会、学校、家庭等的长期教育；另一方面，高校思想政治教育的效果，从根本上要通过自身的思想矛盾运动——学习、内省、慎独来实现。

由此可见，高校思想政治教育方法的现代传承和时代转换，必须通过实施教育和自我教育同构、他律和自律相结合的教育方法。在高校思想政治教育实践过程中，教育者和被教育者之间必须建立起平等民主、互尊互助互学的新型关系，双方通过思想交流和积极参与，调动各自的积极性。在高校思想政治教育培训中，教育者要充分调动受教育者的自主教育意识和自我参与的积极性，可以运用结构化研讨、行动法、小组研讨、情境体验等方法，引导他们自主学习、自我反思和思考、自觉参与，使他们快速进入自我教育的领地，最终达到自我教育的目的。

因此，教育培训者不能自言自语、自导自演，脱离被教育者，而是要使出浑身解数，去发动和感染受教育者，双方充分展开交流和互动，这样才能使教育培训具有实效性和感召力。在现代科技条件下，媒体凭借他们丰富的信息资源充当起了教育者的角色，但这个角色所起的作用参差不齐，可能会给自我教育带来正面的激励，也可能带来负面的刺激和影响。

总之，高校思想政治教育的每一项内容都需要在实践中慢慢被教育者接受和认同。高校思想政治教育的对象是具有较高文化素质和阅历的社会栋梁，他们抗拒单一被动的接受型教育方式，会自主选择和接受适合他们的方法。因此，教育者需要合理选择教育方法，并使之渗透到大学生自我教育的范畴中，从他律到自律，由外到内，实现教育与自我教育的结合优化。

第二节 新时代高校思想政治教育内容创新

一、高校思想政治教育内容选择的原则

（一）政治性原则

网络技术的发展缩短了人与人之间的距离，缩短了国家与国家之间的距离。但网络空间中意识形态的斗争仍然非常激烈。当代大学生正处在行为习惯和人格定性的关键时期，自身知识结构的局限性和有待提升的辨别能力使其极容易受到西方国家不良思潮的影响，导致个人价值取向的多元化。基于此，高校思想政治教育者必须把握政治性原则，弘扬主旋律，传播正能量，坚持马克思主义理论在我国各项工作中的指导地位，坚持不懈地传播马克思主义理论，尤其是要更加努力抓好我国高校马克思主义教育阵地。大学生是我国社会主义建设的中坚力量，抓好大学生马克思主义理论教育是我国立足世界强国之列的组织保障，能为学生的成长奠定科学的思想基础。坚持用习近平新时代中国特色社会主义思想引领高校学生主流思想，开展多样化的社会实践活动和校园文艺科技活动，能为大学生塑造崇高的理想和坚定的信念打下坚实的理论基础。

（二）系统性原则

移动互联网环境下，繁杂的互联网信息冲击着大学生的思想，容易导致其价值取向的多元化和理想信念的动摇。高校思想政治教育内容的构建应坚持系统性

的原则,确保内容的整体性、稳定性、科学性和教育性。高校教育内容不是简单机械地拼凑,而是遵循联系和发展的原理,有层次、有重点地统一结合。根据教育目标的整体要求,科学布局教育内容,合理选取教育方法,推动高校思想政治教育工作的良性发展。

(三)适应性原则

1. 与移动互联网的传播特点相适应

移动互联网信息传播的特殊性,对高校思想政治教育内容的构建提出了更高的要求。高校思想政治教育工作者应紧密结合移动互联网信息传播的特点,将思想教育内容分阶段、科学、系统地传播给大学生。

2. 与移动互联网环境下大学生思想行为的特点相适应

网络信息的海量性和便捷性使得大学生获取信息的渠道越来越便利,真假难辨的网络信息冲击和影响着大学生的价值取向。同时,网络对大学生的心理健康造成了一定的负面影响,人际交往障碍、心理孤僻、网络成瘾等现象日益凸显。移动互联网环境下,当代大学生思想行为具有自信独立、个性张扬、思想开放、冲动叛逆等特征。网络环境下,高校思想政治教育内容的设置和教育路径的选择应当充分考虑当代大学生的思想行为特点,深入发掘和创新高校思想政治教育内容。

二、高校思想政治教育内容的创新思考

(一)构建内容创新的全方位性

1. 道德教育与历史教育相结合

道德教育重在养成,主要是对当代大学生的道德品质进行培养。在信息化时代,高校道德教育往往利用"应变思维"来应对现代社会的发展变化,却在一定程度上忽视了道德教育的历史文化根系。中华民族的文明历史悠久,思想体系和思辨哲学有着深厚的历史。在道德教育中加入历史教育,不仅可以使历史教育的效果得到加强,而且还可以使大学生的道德自觉性得到有效激发,从而帮助大学生形成良好的道德品质。历史的变化会使人类的思想发生改变,历史教育是道德教育的有力思想武器。从历史的发展进程来看,许多伟人的思想政治教育都深刻体现了人性。

从历史教育中升华出的个人价值和社会价值，对道德教育具有推动作用。首先，要用真实的、积极的历史观来对教育内容进行创新，以高尚的历史观来对大学生进行引导，让大学生对中华民族的历史文化有真正的理解，并能坚决抵制历史虚无主义。其次，要将其所蕴含的历史观和道德观传授给大学生，使大学生在接受历史教育的过程中自觉掌握所蕴含的道德观。历史是一面镜子，将道德教育与历史教育相结合，使大学生自觉把自身的成才与国家的前途命运融为一体，不仅可以增强他们的社会责任感和历史使命感，而且还可以帮助他们实现社会价值与自我价值的统一。

2.心理教育与理性思维指导相结合

在高校思想政治教育内容中，心理教育是一项非常重要的部分，良好的心理教育不仅能够优化高校的心理环境，而且还能使大学生树立正确的世界观、人生观和价值观。

首先，心理教育应加强对理性思维的指导，这有助于当代大学生提升理性思维能力，并使他们选择正确的人生方向。其次，要以理性思维作为优化心理教育的着眼点，采取人性关爱、情绪疏通、情理交融等方式，培养大学生的理性思维能力。

3.思想教育与创新思维教育相结合

将思想教育与创新思维教育相结合，是增强高校思想政治教育内容针对性的要求。在高校思想政治教育内容中，思想教育始终处于首要地位。理想信念是当代大学生奋发向上、勇往直前的强大精神支柱和前进动力，是人生的指向标。在当代大学生的学习生活中，理想信念与困惑并存。思想教育以灌输为主，旨在使受教育者记住教育者传授的思想内容。开展思想教育主要是为了使大学生在实际生活中形成积极的生活态度和向上的理想信念。这种灌输式的方式无形中限制了大学生创新思维的发展。对思维教育进行创新并不意味着对灌输教育理论进行否认，相反，它在一定程度上弥补了灌输教育的不足之处。思想政治教育的本质在于意识形态的灌输与教化。高校是培养大学生创新精神和创新人才的基地，高等教育的目的就在于培养具有丰富创造力的高素质人才。由此可见，高校思想政治教育构建以培养大学生创新意识和能力为核心的教育内容是十分有必要的。

（二）增强内容创新的时代价值

1. 坚持实事求是

马克思主义中国化的精髓是实事求是。在创新内容的过程中坚持实事求是，首要的就是坚持"求是"，也就是教育内容必须与社会发展的客观规律和大学生的思想品德发展规律相符合，不能违背客观规律，不能单凭教育者的主观意愿对教育内容进行创新，这是实事求是的基本要求。

目前，市场经济的发展推动了社会思潮的多元化，高校思想政治教育者面对这一现状闭门造车是不可行的，应不断深入实践进行调查，使教育内容与实际现状相贴近，与当代大学生的成长需要相符。与此同时，与大学生成长需要贴近的教育内容，可以引起大学生的关注与讨论，从而能够极大地提升教育内容的说服力。

首先，教育者和有关工作者要树立强烈的求实精神。换言之，要深入实际，对大学生的实际思想状况加以了解和把握，并努力追求内容创新的实效性。

其次，教育者要注意运用科学的方法来创新思想政治教育的内容。实事求是地调查研究，实事求是地推理分析，如果方法不科学，那么就很难在思想政治教育内容创新的过程中实事求是。

最后，教育者要与时俱进。社会生活的变化发展，在一定程度上改变了大学生的思想，所以教育者要不断调整教育内容，使之与社会发展的新情况相协调。

2. 提升时代效用

随着传统社会向现代社会的迈进，高校思想政治教育也发生了相应的改变，为了更好地应对社会的变化，应提升时代效用，跟上时代的节奏。高校思想政治教育是一个系统，具有稳定性，提升时代效用并非打破稳定性，只是改变了稳定属性的存在方式和实现方式，不会改变高校思想政治教育的主要元素，只是在社会发展变化的条件下做出相应的变化。如今，大学生不仅需要良好的物质生活，而且也需要良好的精神生活。在创新高校思想政治教育的各个时期，尽管每个时期有不同的时代主题和历史使命，但是培养合格的社会主义接班人，实现中华民族的伟大复兴的目标从未改变过。目前，与历史上任何一个时期相比，我们都更接近这一目标，所以，教育者要紧密结合中国特色社会主义，创新思想政治教育内容，提升高校思想政治教育的时代效用，更好地满足大学生日益增长的精神需要。

第三节　新时代高校思想政治教育模式优化

一直以来，高校思想政治教育模式都在不断变化，不断被赋予新的时代内容。高校思想政治教育模式在改革开放以后逐渐转变为以科学为主要架构的模式，新时期，高校思想政治教育模式应该加入更多新元素，实现智慧校园，开拓思想政治教育新模式。

一、高校思想政治教育模式优化原则

（一）客观性与能动性相结合的原则

客观性原则是坚持思想政治教育科学性的要求。把客观性原则确定为构建高校思想政治教育模式的原则，本身就是一种科学态度，是坚持思想政治教育科学性的具体表现。思想政治教育是一项实实在在的转变和提高人的思想政治素质的科学性工作，不重视科学性的做法难以取得良好的教育效果。构建高校思想政治教育模式必须坚持从客观实际出发，"贴近生活、贴近社会、贴近学生"，依据社会现实、高校的思想政治教育现状和高校学生的特点，有针对性地开展工作；必须重视对思想政治教育工作的研究，严格按客观规律办事；必须坚持理论联系实际，注重知行统一，不断提高思想政治教育的实效性。客观性原则是高校思想政治教育的基本原则，是教育的本质要求。教育的本质是培养人才，服务社会，因此，教育必须同当前社会的客观实际紧密结合起来。

能动性原则是指发挥教育行政职能部门、学校与学生的主观能动作用。教育行政部门制定各种政策并发挥其主导作用，首先，制定相应的制度、政策，采取必要的政府管理措施，切实保证高校的思想政治教育是社会主义政治教育的重要组成部分。其次，建立保障校长、教职工和受教育者的合法权益的维权体系、法规和标准，从人员层面保证高校思想政治教育者的素质。

（二）理论性与实践性相结合的原则

理论联系实际是高校思想政治教育模式优化需要坚持的重要原则。它反映了理论与实际的正确关系，反映了改造主观世界与改造客观世界的关系。目前，社会正在快速变革与发展，教育理论和社会实际都呈现日新月异的局面，在思想政

治教育模式优化方面，理论与实际相结合的原则显得尤为重要。而理论性与实践性相结合是理论联系实际的一个方面。

高校在对学生进行思想政治教育时要注重理论与实践的紧密结合，在组织学生参加社会实践的过程中，着力提高学生的思想认识和道德素质，也就是说不仅教学方面要突出实践性环节，在思想政治教育过程中，也要重视实践性，在思想政治教育模式优化过程中坚持理论性与实践性的有机结合，达到知行合一。理论性与实践性相结合的原则，包括解决思想问题与解决实际问题。

高校思想政治教育模式优化要坚持以人为本。学生在成长过程中，难免会遇到一些思想问题，在生活中也会遇到一些实际问题，而实际问题往往是思想问题的根源，因此要通过提高理论认识来解决学生遇到的具体问题，也要帮助他们解决实际的问题和困难。高校思想政治教育模式优化要将理论渗入实践中，在办实事中贯穿思想政治教育，通过解决实际问题引导学生提高思想境界。为促进理论性与实践性的结合，高校应高度重视、精心组织好社会实践，把社会实践纳入学校教育教学总体规划和教学大纲，规定学时学分，提供经费，对社会实践中的思想政治教育明确目标和任务；要科学构建学生社会实践体系，积极探索建立实践和专业学习相结合的体制，使学生在实践中达到"服务社会、完善自我"的目的。

实践性与理论性相结合，通过学习理论指导实践，通过实践教育加深对理论的认识，这是一个循环往复、不断深化的过程。高校思想政治教育中，只有坚持理论性与实践性相结合的原则，才能实现思想政治教育模式的优化。

二、高校思想政治教育模式优化策略

（一）形成开放式的教育模式

思想政治教育是一项系统的工程，需要全社会的支持。高校也应该构建和完善开放式的具有鲜明时代特征的高校思想政治教育模式。目前来说，高校对社会教育资源的利用还存在一些问题，许多学校的教育是与社会脱节的，即使让学生参加社会活动，参与的时间也很有限，总体上对学生的教育还是以灌输教育为主，缺乏足够的实践环节。其实，这种教育是很脆弱的，经不起社会实践的冲击和检验。思想政治教育要取得实效，离不开实践环节。因为实践是人的思想形成和发展的基础，人们的思想归根到底来源于社会实践。外部的教育影响和理论知识也只有通过人们自己的亲身实践，才能被人们理解、吸收、消化，从而转化为人们内在的思想观念。高校思想政治教育应融入开放的社会之中，充分利用一切有利于达到思想政治教育目的的内容、渠道、方法和手段，构建学校教育与社会教育相互促进的教育模式，以发挥社会教育资源的有效价值，实现学校教育的效用最大化。

高校学生既是思想政治教育的客体，也是思想政治教育的主体。思想政治教育的内容只有内化为学生自觉的思想，成为他们的思维方式、行为习惯，思想政治教育才算落到了实处。高校既要节省人力资源，又要充分发挥学生的自我教育功能，创造良好的条件，使学生能够开展自我教育、自我管理、自我服务。教师要引导和鼓励大学生主动参与思想政治教育教学活动，如引导大学生在课堂教学中开展对社会热点问题的讨论等；引导大学生利用课余时间进行社会调查、开展社会实践等活动，让学生在实践中受到教育，获得知识，深切感悟到中国特色社会主义是实现中华民族伟大复兴的必由之路。教师还应当鼓励学生成立思想政治教育类社团，并组织各种活动，充分发挥学生的主观能动性，使这些活动成为思想政治教育课堂教学外的有益补充。只有课堂教育、教师言传身教与学生自我教育相互结合，才能培养出合格的全面发展的社会主义建设者和接班人。

（二）利用大数据开展立体互动育人模式

大数据技术的运用为开展全社会的思想政治教育提供了技术支持，将社会资源与高校教育资源相整合，有利于实现全员育人、全过程育人、全方位育人。利用大数据技术可以开展线上和线下教育，增强教师与学生之间的互动。

1. 建立立体互动教育的全过程育人模式

大数据时代，信息技术的高速发展促进了许多信息技术平台的出现，如微博、微信、QQ等。教师在线上对学生提出问题，鼓励学生独立思考，线下可以组织学生集中讨论积极发言。线下教育作为线上教育的延展不仅可以增强教学内容的延续性，而且还可以激发学生的积极性和思考能力，增进生生及师生关系。大数据技术为实现全过程育人提供了载体，将课堂中教授的内容与课下的思考讨论连接起来，有利于学生接受连贯的教育。

2. 实现立体互动教育的全方位育人模式

实现立体互动的育人模式需要依托大数据技术，组织高校开展校内与校外的实践活动，以服务学生为核心，开展第二和第三课堂，重视环境育人作用，在潜移默化中实现全方位的育人效果；通过丰富的实践活动开展环境育人，运用大数据技术收集学生信息，统计学生的兴趣爱好，增添教育的趣味性和吸引力。

教师利用多种网络教学方式，开展线上和线下相结合的教育，让学生一直处于一种健康的校园环境之中。学校在组织活动和校园文化建设时，依托互联网技术增进师生间的交流，利用大数据挖掘学生的生活信息，引导学生树立正确的三观，让学生在第二和第三课堂中也能够接收到思想政治教育，实现环境育人。

（三）建立思想政治教育模式保障机制

任何模式的建立都需要保障机制，但保障机制恰恰是高校思想政治教育运行机制中最薄弱的环节。高校思想政治教育工作需要做好以下保障工作。

1. 组织领导保障

高校思想政治教育的运行必须有组织领导的保障。首先，高校必须加强党组织建设，坚持党组织的领导。党组织的职责是坚持社会主义办学方向，充分发挥党组织的领导作用，坚定不移地坚持党的教育方针，保证党的路线方针的顺利执行。在高校，党委是思想政治教育工作的领导核心，负责研究思想政治教育的指导思想、工作方针、任务和重要问题，制定思想政治教育的总体规划和实施纲要。其次，坚持党组织领导下校长负责的组织行政实施体系。中央明确规定，党委（党组）一把手担负起思想政治工作第一责任人的职责。校长应该强化思想政治教育的意识，加强领导，合理规划思想政治教育的发展目标，正确决策，并确保各项决策规划的全面实施。在办学中要始终将思想政治教育放在首位，把思想素质和专业素质培养结合起来。最后，学校的党委宣传部、学生工作部、教务处、学生处、团委等思想政治教育的主要职能部门和思想政治教育队伍的管理部门，是思想政治教育中的中坚力量，要认真履行职责，明确各自的思想政治教育责任，把学校、学生的各种问题处理好，保障高校思想政治教育有序地运行。

2. 师资队伍保障

高校思想政治教育要有一支政治强、业务精、作风正的师资队伍作保证。有些高校发展时间短，没有形成稳定的教师队伍，大多数教师都是外聘的，在这种情况下，高校必须高度重视教师在育人中的作用。各单位要关心、爱护、培养从事思想政治教育的工作者，并不断提高其各方面的综合素质，解决好他们的职称、待遇等问题，使之集中精力作好本职工作。师资队伍的保障就是发挥全员育人、服务育人、管理育人的作用，把思想政治教育工作列入教师及辅导员的考核范围。高校思想政治师资队伍包括教师和辅导员。在高校思想政治教育过程中，教师要思想过硬、作风正派、热爱学生，具有较高的教学水平和理论素质。辅导员是高校思想政治教育的主要引导者和实施者，辅导员要做好学生的日常管理工作，要担当起对学生进行思想引导、学习指导、心理辅导的职责，认真完成学生的思想政治教育活动，针对不同学生在学习方法和学习策略上提供不同的指导，掌握心理咨询技能，深入了解学生的思想动态和学习动态，成为学生的贴心人和引路人。

3. 物质经费保障

为了提高高校思想政治教育的效果，物质经费方面也必须给予有力的保障。经费不仅包括室内设备、设施建设的经费，还应包括建设室外活动场所的经费；不仅要包括经常性的理论教育经费，还应包括实践调研的经费；不仅要包括图书资料的经费，还应包括多媒体设备的经费。

参考文献

[1] 马敬. 高校思想政治教育中的文化融入 [M]. 长春：吉林大学出版社，2017.

[2] 徐茂华. 高校思想政治教育的时代主题：中国梦融入大学生思想政治教育研究 [M]. 长春：东北师范大学出版社，2017.

[3] 奚冬梅，胡飒. 高校思想政治教育教学与实践研究 [M]. 北京：光明日报出版社，2018.

[4] 周利生，汤舒俊. 红色资源与高校思想政治教育 [M]. 北京：九州出版社，2018.

[5] 岳云强. 高校思想政治教育理论专题研究 [M]. 北京：九州出版社，2018.

[6] 范春婷. 高校思想政治教育专业政策研究 [M]. 北京：新华出版社，2018.

[7] 秦世成. 全媒体传播环境与高校思想政治教育 [M]. 北京：首都师范大学出版社，2018.

[8] 斯琴高娃. 新媒体视角下的高校思想政治教育研究 [M]. 延吉：延边大学出版社，2018.

[9] 常佩艳. 文化视野下高校思想政治教育实践研究 [M]. 北京：九州出版社，2018.

[10] 理阳阳. 基于网络时代视角的高校思想政治教育研究 [M]. 北京：研究出版社，2018.

[11] 肖国香. 新媒体时代高校思想政治教育十论 [M]. 长春：吉林文史出版社，2019.

[12] 孙琪. 媒体融合背景下高校思想政治教育的解构与重塑 [M]. 长春：吉林文史出版社，2019.

[13] 侯宪春. 地方文化在高校思想政治教育中的应用研究 [M]. 延吉：延边大学出版社，2019.

[14] 王利平. 网络环境下高校思想政治教育方法研究 [M]. 武汉：武汉大学出版社，2020.

[15] 张翼.高校思想政治教育话语传播研究 [M].长春：吉林大学出版社，2020.

[16] 陈莉.新时代高校思想政治教育教学改革与实践研究 [M].西安：西北大学出版社，2020.

[17] 李春晖.高校思想政治教育的心理理论模式研究 [M].北京：九州出版社，2021.

[18] 张枫.中国优秀传统文化与高校思想政治教育工作融合研究 [M].太原：山西经济出版社，2021.

[19] 武卫兵，胡慧远.融媒体语境下高校思想政治教育自我重塑研究 [J].学校党建与思想教育，2021（20）：66-67.

[20] 丛培兵，杨文楠.论"互联网+"背景下高校思想政治教育微视频及运用 [J].品位·经典，2021（20）：105-107.

[21] 方鸿志，姜来.优化新媒体时代高校思想政治教育话语的路径探析 [J].辽宁科技学院学报，2021，23（05）：87-89.

[22] 赵荣锋.新时代构建高校思想政治教育共同体的逻辑理路 [J].思想政治课研究，2021（05）：84-99.

[23] 王海宁.新时代高校思想政治教育面临的问题与对策 [J].中学政治教学参考，2021（37）：95-96.

[24] 吴立全，马欣.高校思想政治教育与创新创业教育契合机制构建路径探析 [J].知与行，2021（05）：66-72.

[25] 王贤昀."互联网"时代高校思想政治教育教学创新与实践 [J].食品研究与开发，2021，42（18）：242.